Mort à l'université

JEAN-YVES LE NAOUR

Mort à l'université

CALMANN LÉVY

CALMANN LÉVY
ÉDITEUR DEPUIS 1836

Couverture
Conception graphique : Dorian Danielsen
Photographie : © David Keinne/Arcangel Images

ISBN : 978-2-7021-8845-3

Pour ma petite maman sous la pierre froide.

1

13 juin 2019

Le commissaire Quincampoix lui tendit une feuille du bout des doigts avec une réflexion douce comme du vinaigre. « Tiens, ça devrait être à ta portée. » On y lisait, en titre, « Disparition inquiétante ».

Il ne répondit pas. Il se contenta de soutenir le regard méprisant de son collègue. Ce n'était pourtant pas sa faute s'il était devenu le pestiféré de la brigade criminelle. Lui, il n'avait fait que respecter la loi. Maintenant, il ne savait plus trop. Des fois, il se disait qu'il aurait dû se taire. En tout cas, malgré les silences hostiles et une placardisation qui ne disait pas son nom, il ne leur donnerait pas le plaisir de se montrer affecté. Ah, ça, non ! Le capitaine Tarate encaissait. Enfin, il faisait semblant. Mais il le faisait bien. Cela agaçait encore plus ses détracteurs, qui auraient voulu le pousser à la faute ou en tout cas le voir souffrir.

Il prit donc la feuille sans témoigner aucun sentiment et s'efforça de s'intéresser à la mission qu'on daignait lui confier. « Disparition inquiétante ». Tu parles d'un cadeau ! Un homme de 32 ans n'était pas rentré au domicile conjugal. Neuf fois sur dix, il n'y avait rien d'inquiétant là-dessous. À part pour l'épouse légitime, bien entendu.

Les enquêtes étaient immédiatement ouvertes pour les gamins en fugue, mais pour les adultes il y avait toujours un temps de latence pour ne pas perdre son temps avec une banale histoire de fesses. Et puis les adultes faisaient ce qu'ils voulaient, et s'ils souhaitaient disparaître sans laisser de traces, recommencer à zéro en Corrèze ou au Zambèze, ils en avaient bien le droit. On avait donc conseillé à l'épouse de patienter quelques jours, mais elle avait tellement insisté que le fonctionnaire avait relevé l'appel comme prioritaire et classé la disparition dans la catégorie inquiétante. Elle devait avoir quelques arguments.

Elle habitait au 37 de la place Dupuy, face à une ancienne halle aux grains transformée en salle de spectacles et qui témoignait d'un temps pas si éloigné où Toulouse n'était encore qu'une grosse bourgade au milieu des champs de blé. L'endroit était sympathique, mais le prix du mètre carré l'était un peu moins. La boboïsation accélérée du quartier avait naturellement rogné les places de stationnement. Pour garer sa Clio, le capitaine Tarate dut faire le tour de la place à deux reprises. Il trouva finalement un espace aussi miraculeux qu'étroit dans une rue longeant le canal du Midi. Il songea qu'il y a peu de temps encore, il se garait n'importe comment, n'importe où, à cheval sur le trottoir, sur les clous, sur les emplacements réservés aux livraisons ou aux handicapés, en se contentant d'abaisser le pare-soleil où le mot « Police » dissuadait la pervenche municipale d'accrocher une contravention, et les piétons revêches d'élever la moindre réprobation. Mais maintenant que les amendes étaient automatiques, avec un appareil installé à bord d'un véhicule lisant toutes les plaques d'immatriculation et verbalisant directement les contrevenants, il ne se risquait plus à ce comportement déplacé. Et il mettait même de l'argent dans l'horodateur. Les prunes, on devait les payer de sa poche. Fichu métier.

Sur la sonnette du numéro 37 où l'on pouvait lire les noms imprimés de Clémentine et François Godefroy, une écriture ronde et déliée avait ajouté un cœur au feutre rouge. La jeune femme ouvrit immédiatement, à croire qu'elle guettait derrière la porte.

Elle n'avait pas dormi de la nuit, son visage était défait et ses cheveux noirs en bataille. Autour de ses yeux rouges, fatigués d'avoir trop pleuré, le maquillage avait coulé, ce qui lui donnait un petit air de sorcière. Clémentine Godefroy commença par être agressive. Elle reprochait à la police d'avoir laissé passer des heures précieuses pour retrouver son mari. Si jamais un malheur était survenu, elle ne lui pardonnerait jamais. Mais le capitaine Tarate, avec sa mine de chien battu, la désarma aussitôt. Et puis elle avait besoin de parler, d'être réconfortée, de savoir qu'une enquête serait immédiatement lancée. Alors, elle oublia ses récriminations et se répandit dans un flot de paroles libératrices, tandis que le capitaine sortait son calepin pour prendre quelques notes, à l'ancienne.

L'époux en question, François Godefroy, enseignant à l'université du Mirail, était parti faire un footing la veille au soir. Il ponctuait régulièrement ses journées de travail par dix ou quinze kilomètres de foulées le long du canal du Midi, histoire de se vider la tête. L'itinéraire emprunté était toujours le même. Il suivait le chemin de halage, pour partie recouvert de macadam, jusqu'à Ramonville, une bourgade située à quelques kilomètres au sud-est de Toulouse et autrefois séparée physiquement par des champs, mais que la lèpre urbaine avait grignotée jusqu'à donner l'impression qu'il n'y avait plus de frontière entre les deux communes. Au moins, du côté du canal, on avait l'impression de se retrouver en pleine nature. Il avait un bon niveau de course, selon son épouse, participait à des compétitions et mettait entre 40 minutes et 1 heure 10 selon le parcours choisi. Mais ce soir-là, il n'était pas rentré.

Tarate demanda à voir le portefeuille du mari. L'expérience enseignait que lorsqu'un conjoint s'enfuit, il emporte toujours sa carte bleue avec lui. Mais le portefeuille était bien là, dans le vide-poche, en évidence, et garni de tous les papiers les plus importants, carte vitale, permis de conduire, carte d'identité et carte bancaire. Le policier pinça les lèvres. Ça ne sentait pas la disparition organisée.

Elle lui expliqua qu'il devait revenir autour des 19 heures. Elle avait préparé le repas en attendant et, comme il n'avait pas reparu à l'heure dite, elle l'avait appelé sur son portable qui s'était mis à sonner dans le vide. La première demi-heure était passée sans inquiétude, car Toulouse est une ville où l'on croise des connaissances à tous les coins de rue. Il avait certainement rencontré quelqu'un, échangé quelques minutes avec lui. Peut-être étaient-ils allés boire une bière bien fraîche. En ce début du mois de juin, la nuit tombait plus tard et les soirées qui sentaient déjà l'été pouvaient être très douces. Mais à partir de 20 heures, elle commença à tourner en rond. Elle ne lui ferait pas une scène quand il rentrerait, mais elle lui dirait tout de même sa façon de penser. À 21 heures, elle s'était mise à paniquer. Il n'était toujours pas là alors que leur série préférée allait commencer : ce n'était pas normal. S'il avait rencontré quelqu'un, il lui aurait au moins passé un coup de fil pour la rassurer. Et il ne décrochait toujours pas ce satané portable.

À toutes les questions du capitaine Tarate qui cherchait à rationaliser cette prétendue disparition, la jeune femme répondait par la négative. Non, ce n'était pas normal. Non, il ne s'absentait jamais sans lui dire où il allait et puis, de toute façon, quand ils sortaient le soir, c'était toujours ensemble. Au restaurant, au cinéma, au théâtre, chez des amis. La banale histoire d'un couple banal. D'ailleurs, elle attendait un enfant et elle jura qu'il était encore plus présent et attentionné que d'habitude. Quand l'enquêteur évoqua l'hypothèse d'une aventure amoureuse, l'épouse voulut bien admettre que les femmes trompées sont généralement les dernières informées de leur infortune, mais rien ne pouvait accréditer cette piste, incongrue à ses yeux. Hier encore, ils avaient parcouru les magasins pour repérer le lit du futur bébé, et il y avait des comportements tendres et affectueux qui ne trompaient pas. Il avait par exemple annoncé publiquement sa joie d'être bientôt père, et tous deux réfléchissaient aux vacances qu'ils prendraient en juillet, dans trois semaines à peine. Ils avaient jeté leur dévolu sur un séjour *all inclusive* en Andalousie. Et puis, il serait parti sans rien, en tenue de joggeur, sans papiers, sans argent, sans affaires ? Cela ne tenait pas debout. Et les copies de ses étudiants à l'Université ? Les cours étaient achevés, les examens battaient leur plein, et François avait passé les trois derniers jours à corriger un paquet de 70 copies affligeantes émanant des inscrits de première année. Il avait justement terminé vers 17 h 30 et s'était réjoui de pouvoir enfin sortir transpirer après une journée éreintante à lire la prose des impétrants qui récitaient sans comprendre un cours qu'ils avaient mal digéré. Il avait placé les copies corrigées dans son cartable et devait les rapporter à la faculté d'histoire en début de matinée, car ensuite il était mobilisé pour faire passer des oraux.

Pascal Tarate en avait tellement vu et tellement entendu au cours de sa carrière qu'il ne se fiait plus à un seul son de cloche. Il savait qu'il fallait se méfier des évidences pour ne prendre en compte que les faits. Et dans ce que l'épouse débitait, il y avait surtout du ressenti, du sentimental, et très peu de concret. Puisque François Godefroy devait être présent à l'université pour y faire passer des oraux, il n'y avait qu'à vérifier sa présence. Il téléphona donc au département d'histoire. Clémentine grimaça. Elle ne l'avait pas attendu pour appeler la fac, et elle avait dû passer pour une foldingue ou une pauvre fille qui ne savait pas où était son mari. Tarate fit comme s'il n'avait rien entendu. Au bout du fil, une secrétaire lui demanda de patienter et s'absenta trois minutes pour aller aux nouvelles. Il entendit le bruit des talons qui s'éloignaient, quelques conversations lointaines provenant des bureaux alentour, puis enfin les talons qui revenaient. Non, François n'était pas là. Et ses collègues n'étaient pas contents, ils disaient qu'ils allaient devoir prendre sur leur pause repas pour faire passer ce surplus d'étudiants à raison de quinze minutes par individu. Il avait intérêt à présenter une bonne excuse. Le capitaine remercia poliment. Cette fois, il se dit que quelque chose clochait réellement, à moins de tout planter simultanément, travail, femme et enfant. Quand l'épouse lui présenta le passeport, la carte grise et les clés de la voiture qu'ils avaient achetée à crédit six mois plus tôt, les questions du capitaine Tarate se firent plus précises. Avait-elle remarqué un changement de comportement chez son mari ces derniers temps ? Était-il préoccupé ? Avait-il des amis proches ? Des ennemis ? Et il notait les noms et les numéros de téléphone qu'elle lui dictait. Mais rien ne venait justifier une disparition soudaine. Au contraire, il venait d'être recruté maître de conférences à l'université du Mirail, tout juste renommée Jean-Jaurès mais que personne n'appelait jamais ainsi. Un couple sans histoires, un enfant en route, un métier considéré, à défaut d'être vraiment rémunérateur : l'hypothèse de la fuite n'avait aucun fondement apparent.

Il prit congé en priant Clémentine Godefroy de se rendre au commissariat pour une déposition plus complète et en bonne et due forme. Sitôt sorti, il contacta les différents hôpitaux pour savoir s'ils n'avaient pas admis durant la nuit un joggeur inconscient, blessé, renversé par un véhicule, terrassé par une crise cardiaque ou que sais-je encore. Mais à part deux clochards en coma éthylique, la soirée avait été calme. Alors, dans le cadre de la procédure pour disparition inquiétante, il demanda aux services de l'opérateur téléphonique de localiser d'urgence le portable de François Godefroy. Il fallait agir le plus vite possible, avant que la batterie ne se décharge. L'urgence mit toutefois deux bonnes heures, car elle passait par le cabinet d'un juge d'instruction qui délivrait les autorisations à la chaîne. Il reçut le message de l'opérateur alors qu'il était en train de reconnaître le parcours du disparu avec un vélo en libre location – les fameux « vélôtoulouse » –, parce que cela allait quand même plus vite qu'à pied. Le portable bornait à l'antenne située à proximité du gymnase Paul-Sabatier, dans un rayon de 300 mètres. Le signal était immobile, ce qui n'était pas de bon augure. À cet endroit, le chemin de halage était parcouru par une masse de cyclistes, de promeneurs et de joggeurs. L'herbe était tondue de frais, les bordures du canal bien entretenues. Un téléphone à terre, cela aurait dû se remarquer. Un corps, n'en parlons même pas !

Avec l'aide de Google Earth, il établit un cercle approximatif autour de l'antenne relais et se mit à examiner les talus extérieurs du canal, envahis de broussailles. Le canal était encadré de deux chemins. L'un était très emprunté, dans les deux sens, doublé d'un sentier de macadam pour les vélos, mais de l'autre côté, parce qu'il s'achevait en cul-de-sac, il y avait beaucoup moins de monde. De plus, de ce côté-là, les fossés étaient plus larges et s'achevaient en une sorte de no man's land impénétrable de quelques dizaines de mètres, qui venait buter sur les grillages d'une zone industrielle. Le policier traversa donc le canal dès qu'il le put et, laissant son vélo dans le fossé, se mit à scruter les environs, sans trop y croire. Il fit sonner le portable de François Godefroy, en vain. Il avança ainsi le long du canal en faisant régulièrement sonner le téléphone jusqu'à atteindre l'endroit le plus touffu, après quoi le chemin de halage s'arrêtait. Il fallait rebrousser chemin et passer un pont réservé aux piétons pour revenir du côté de l'autoroute à joggeurs. Il lui sembla alors entendre une sonnerie au loin. Un bruit étouffé mais tout de même distinct. Après quelques pas, il fit de nouveau le numéro du portable et reconnut les premières mesures de la *Neuvième Symphonie* de Beethoven s'échapper d'un conduit d'évacuation. L'herbe, les orties et les ronces avaient été fraîchement piétinées. Il suffisait de suivre la trace et de ne pas craindre de marcher dans l'eau boueuse, au fond du fossé. Quand il parvint devant la bouche du conduit bétonné, il reconnut d'abord la blancheur d'une paire de baskets. Une lumière bleutée éclairait le corps tandis que de la brassière sur laquelle il était fixé, le téléphone jouait l'*Ode à la joie*.

Soupe à la grimace au commissariat. En lieu et place d'un plan foireux sur un mari volage, Pascal Tarate revenait à la maison Poulaga chargé d'une affaire criminelle. Et pas n'importe laquelle. Non pas un règlement de comptes merdique entre dealers des cités de la Reynerie, de Bellefontaine ou des Sept-Deniers, mais le meurtre d'un enseignant de l'université du Mirail. De quoi attirer les journalistes de *La Dépêche*, et sans doute aussi les caméras de France 3 Midi-Pyrénées. « Pourquoi donc lui as-tu confié ce dossier ? » se plaignaient les collègues au commissaire Quincampoix. Ce dernier haussait les épaules en signe d'impuissance avant de replonger dans sa paperasse, sans décrocher un mot. Lui retirer l'affaire n'était plus possible. Tarate avait déjà rédigé les premiers rapports, contacté le juge d'instruction et fait venir la Scientifique sur les lieux du crime. Pour le coup, cela aurait donné l'impression d'une vengeance. Et dans la situation de tension du commissariat, après le passage des bœuf-carottes venus cuisiner tout le monde depuis que le capitaine avait refusé de couvrir un « dérapage », cela n'aurait pas plaidé en faveur de la hiérarchie. Il fallait serrer les dents et puis c'est tout. En revanche, si Tarate se plantait, on pourrait le traiter en incompétent. Devant les mécontents, Quincampoix hochait la tête d'un air entendu. Une façon de dire, attendez, rien n'est encore joué, on l'aura au tournant.

En attendant que la police scientifique dégaine ses Cotons-Tiges et que le légiste lui en apprenne plus sur les circonstances de la mort du professeur, le capitaine avait de quoi s'occuper. Il avait en effet récupéré la carte SIM du portable de la victime qui venait d'être placé sous scellé pour relever les éventuelles empreintes et traces ADN. L'opérateur téléphonique livrait quant à lui un mois de relevé de bornage du téléphone qui confirmait que, durant la journée fatidique, celle du 12 juin, François Godefroy n'avait pas bougé de chez lui. En tout cas son téléphone. Tout concordait avec les déclarations de l'épouse. Apparemment, il avait passé la journée à son domicile, attaché à la correction des copies comme le bagnard à son boulet. Le téléphone ne s'était mis à se déplacer que peu avant 18 heures, en suivant le canal du Midi. Le relevé démontrait que Godefroy ne s'était pas arrêté avant le moment du crime. Dès lors, s'agissait-il d'une mauvaise rencontre ? D'un meurtre prémédité ? Était-il au mauvais endroit au mauvais moment, ou bien était-ce à lui, personnellement, qu'on en voulait ?

Pour en savoir plus, Pascal Tarate commença à télécharger les SMS que son logiciel classa automatiquement en deux catégories, par contacts et par chronologie. Évidemment, dans un premier temps, il entreprit de consulter les derniers reçus. Il y en avait même quelques-uns arrivés dans la matinée et que le destinataire n'avait jamais pu lire. Ils émanaient du secrétariat du département d'histoire lui rappelant sa convocation pour les oraux à 10 h 30, d'un collègue énervé qui lui demandait de rappliquer dare-dare et d'arrêter de déconner, et de son épouse éplorée qui, dans un message pathétique, lui disait qu'elle l'aimait et le suppliait de répondre. Elle semblait déjà craindre le pire. Les messages des jours précédents étaient tout aussi inintéressants, quelques conversations humoristiques avec des proches, des critiques à l'emporte-pièce sur un ouvrage qui venait d'être publié, des éléments de vie quotidienne du genre « J'ai posté les lettres » ou « N'oublie pas de passer à la fromagerie » et des petits mots aux connotations sexuelles échangés entre les deux époux. En remontant quatre jours plus tôt, on tombait sur une succession de messages de félicitations, certains très amicaux, d'autres plus formels, au sujet de son élection comme « MCF ». Le capitaine Tarate fronça les sourcils. Que signifiait donc cet acronyme ? Il savait que l'Éducation nationale en était friande et en faisait un large usage qui rendait parfois la conversation hermétique pour un non-initié. Il nota également dans son carnet les formules suivantes : « J'ai niqué le CSQ[1]», « Rendez-vous à PLH[2] à 16 heures », « Ils ont voulu me donner le SED[3] ces bâtards », « Rien que brèles au GHG[4] ». On aurait dit des messages de radio Londres à la Résistance. *Bam, bam, bam.* Les Français parlent aux Français. Il en découvrirait plus tard la signification, tellement banale et sans intérêt du point de vue de l'enquête. Et puis, enfin, les textos d'un certain André Limon, pleins d'acrimonie, dans un fil de conversation du 5 juin qui suintait l'antipathie et flirtait avec l'insulte :

Limon : « Tu as bien manœuvré, je te félicite. »

Godefroy : « De quoi parles-tu? Ils ont choisi le meilleur. »

Limon : « Tu n'as pas mal à la langue à force de lécher les culs? »

Godefroy : « Tu es aigri. Je te plains. »

Limon : « Tu peux te regarder dans la glace? »

C'était à première vue les seuls SMS hostiles reçus les dernières semaines. Tarate vérifia si Limon et Godefroy avaient également échangé par téléphone et il ne trouva qu'une seule et unique communication,

1. Collège scientifique qualifié.

2. Patrimoine-littérature-histoire : nom d'un laboratoire regroupant plusieurs groupes de recherche.

3. Service d'enseignement à distance.

4. Groupe d'histoire de la guerre.

datée du même jour et ne dépassant pas les 34 secondes. L'explication avait été brève et certainement orageuse. Le capitaine nota le numéro de ce supposé collègue qui n'était vraisemblablement pas un ami. Il lui rendrait visite au plus vite. Mais pour le moment, il lui fallait en savoir plus sur cette fameuse élection avant de sonder la profondeur du dépit exprimé par celui qui avait été visiblement son concurrent.

Il était déjà 16 h 30 quand le capitaine s'aperçut qu'il avait oublié de déjeuner. Il n'en avait pas eu l'envie. Un cadavre, cela vous coupe l'appétit. Il n'en avait pas eu le temps non plus. Et la course continuait. Il lui fallait à présent retourner au domicile de l'épouse de la victime, l'avertir du drame. Bien sûr, il aurait pu envoyer quelqu'un d'autre porter la mauvaise nouvelle, surtout que la corvée se doublait d'une invitation à la morgue pour reconnaître le corps, mais il lui semblait que c'était son devoir d'apprendre à Clémentine Godefroy l'infortune qui la frappait. Et puis, il avait d'autres questions à lui poser, plus ciblées cette fois-ci.

Il retourna donc place Dupuy avec un collègue chargé de récupérer les courriels envoyés et reçus par Godefroy, un sacré travail de lecture en perspective qu'il préférait déléguer, une fois n'est pas coutume. La scène fut moins pénible qu'il le redoutait. La jeune femme, résignée, préparée à la mauvaise nouvelle, s'écroula sur une chaise sans un cri et sans un pleur. Elle donna les codes confidentiels qui permettaient d'accéder aux e-mails privés et professionnels de son mari et répondit aux questions du capitaine comme une somnambule. Godefroy avait-il eu des fréquentations troubles ces derniers temps ? Son élection au poste de maître de conférences – grâce à Clémentine, Tarate avait enfin fini par comprendre la signification des mystérieuses initiales MCF – lui avait-elle créé quelques inimitiés ? Et que savait-elle au juste de cet André Limon ? Mais rien ne semblait accréditer la thèse criminelle aux yeux de l'épouse.

— Bien sûr, il n'avait pas que des amis à la fac, mais si tous les rivaux se transformaient en assassins, il n'y aurait plus grand monde à l'université.

— Oui, mais cet André Limon, il n'a pas l'air de porter votre mari dans son cœur…

— C'est vrai, François se méfiait d'André, professionnellement parlant, et depuis que le poste avait été ouvert au recrutement, c'était pire encore. Vous comprenez, un poste fléché « Première Guerre mondiale », il n'y en aurait pas d'autre avant longtemps.

— Non, je ne comprends pas. Fléché ! ? Qu'est-ce que vous voulez dire par là ?

— Les recrutements à l'université se font sur des postes à profil avec un fléchage ou un intitulé, si vous voulez, assez précis. Histoire des techniques au XIXe siècle, histoire de l'Espagne au XXe siècle, etc. Et là, il y avait un poste dont le profil portait sur la Première Guerre mondiale, c'est-à-dire la spécialité de François comme de Limon.

— Et si je comprends bien, le perdant n'avait plus aucune chance de se faire recruter ici.

— Tout à fait. Une université ne va pas recruter deux spécialistes du même sujet. Ça peut se faire, mais c'est très rare. Un poste avec cet intitulé, il n'y en aurait pas eu d'autre avant longtemps et pour tout dire, il n'y en aurait plus jamais eu avant le départ à la retraite de François, tout comme ce poste avait vu le jour parce que le professeur Denis Peyriac était lui-même parti à la retraite l'année précédente.

Tarate griffonna le nom de Peyriac sur son carnet. Encore un type à interroger. Il relança Clémentine.

— En consultant les SMS de votre mari, j'ai vu que dans vos conversations vous appeliez Limon « la bouse »...

— Ce n'était pas bien méchant. Ce Limon, de toute façon, il n'était pas à la hauteur de François. Mais c'est un... je ne sais pas... Limite autiste, vous voyez ? En tout cas, je ne le vois pas en assassin. Sorti des bibliothèques, il n'existe pas. Mais c'est vrai qu'il a été classé second sur le poste et...

Elle s'arrêta. Son visage se ferma.

— Et... ?

— Si celui qui a été élu renonce, est empêché ou décède, c'est celui qui a été classé en deuxième position qui hérite du poste.

— Si je comprends bien, André Limon devient mécaniquement maître de conférences avec la mort de votre mari.

— Oui.

Le capitaine opina. Il tenait une piste sérieuse. Il se dit que l'affaire allait être rondement menée. Il présenta ses condoléances et s'enfuit en direction de l'université du Mirail. On avait construit celle-ci à l'extérieur de la ville autour d'une colline du haut de laquelle on ne mirait plus rien : les barres d'immeubles de ce quartier populaire bouchaient désormais la vue. Elles étaient d'ailleurs sorties de terre avant l'université, sous la houlette d'architectes qui, sous couvert de modernité, construisaient des cages à lapins pour les prolétaires. Pour leur faire payer le mépris social de leur époque, dont ils étaient les exécutants zélés, on aurait dû les forcer à habiter là. Peut-être eussent-ils alors imaginé un quartier plus vivable. Après le choc de Mai 68, les autorités s'étaient simplement dépêchées d'ajouter quelques grues supplémentaires pour ériger l'université des Lettres, Langues et Sciences humaines entre la rocade et ces grands ensembles flambant neufs, ghettos sociaux doublés très vite de ghettos ethniques. On aurait pu tout aussi bien la coincer entre la décharge publique et l'aire des gens du voyage. Un lieu bucolique, quoi. À droite, on se félicitait d'avoir écarté les chevelus du centre-ville où le Droit et les Sciences politiques conservaient, Dieu merci, le droit de cité. À gauche, on célébrait l'union du savoir et des classes populaires, une nouvelle mission d'évangélisation sociale, la flamme de l'émancipation par la connaissance. Curieusement, ceux qui tenaient ce discours vibrant sur l'unité des classes vivaient tous dans le centre douillet de Toulouse ou des pimpantes villes environnantes. La vérité, c'est que l'université était un corps étranger greffé sur un quartier périphérique et qu'il n'y avait absolument aucun échange entre ces deux espaces en dehors de la station de métro. La mixité s'arrêtait aux transports en commun. Au-delà de l'Escalator, la ségrégation sociale reprenait ses droits. Les Noirs et les Arabes tournaient à droite ou à gauche, les étudiants et professeurs continuaient tout droit et passaient sous l'arche corrodée qui marquait symboliquement l'entrée du domaine où soufflait l'esprit.

Depuis cinq ans qu'il officiait à Toulouse, le capitaine Tarate connaissait bien le quartier. Il n'y venait jamais seul, cela dit, car il ne faisait pas bon être un policier isolé au milieu des barres d'HLM, sauf à cultiver les idées suicidaires. Dans le temple du savoir, en revanche, il n'avait jamais mis les pieds. Si les policiers allaient à l'université, ça se saurait. Il fut donc intimidé en franchissant l'improbable arc de triomphe de tôle rouillée qui accueillait le visiteur. Les coursives étaient à peu près désertes. C'était l'heure de la fermeture. En cette période d'examens, les étudiants avaient quitté les lieux en troupeaux à l'issue de leurs partiels ou de leurs oraux, quelques secrétaires attardées se dépêchaient de rejoindre leurs véhicules sur le parking pour aller moisir dans les embouteillages infernaux de la rocade. Et même du côté de la bibliothèque, il n'y avait plus âme qui vive. Elle éteignait en effet les feux à 17 heures, après avoir mis tout le monde dehors trente minutes plus tôt parce que les employés voulaient partir plus vite et concevaient les horaires indiqués sur la porte comme valant pour eux et non pour le public. Il ne manquait plus qu'un vol de corbeaux et des *tumbleweed* poussés par le vent pour que l'ambiance soit parfaitement glauque.

Le directeur du département d'histoire, Jacques Motta, qui dirigeait également le laboratoire d'histoire de la Méditerranée où François Godefroy venait d'être recruté, attendait devant la porte de ses locaux. Sur le mur de béton brut qui n'avait même pas été recouvert d'enduit, un grand portrait de Che Guevara posait son regard d'acier sur le visiteur. Les dessinateurs irrespectueux du gauchiste sacré l'avaient affublé d'un nez rouge qui accompagnait le slogan « Pour une fac populaire et rigolote ». Tout au fond, empiétant sur le parking, on distinguait des préfabriqués Algeco empilés comme sur un chantier. Ils avaient été installés après la catastrophe de l'usine AZF pour remplacer temporairement les salles de classe dont les vitres avaient été soufflées par l'explosion. Mais l'usine avait sauté en 2001, et des années plus tard, les préfabriqués étaient toujours là. Dans la fonction publique, aux moyens mesurés, on savait faire durer le provisoire. Quel sens de l'économie !

Le directeur était désolé de ne pouvoir faire entrer le policier dans son bureau mais les locaux devaient fermer à 18 heures tapantes à cause de l'alarme. Il regardait sa montre avec l'air ennuyé d'un homme qui fait des heures supplémentaires non rémunérées. Motta parlait avec un accent indéfinissable, une sorte de mélange étrange. En l'interrogeant, Tarate sut qu'il était venu du Piémont italien à 25 ans pour faire sa thèse à Toulouse sur l'histoire de la truffe noire, sa marchandisation et la façon dont elle avait conquis les grandes tables. À force de fréquenter les chercheurs de truffe, il avait pris l'accent rocailleux du Quercy sans perdre les intonations qui lui venaient de Turin. À Lalbenque, une des capitales de la truffe, on l'appelait « monsieur le professeur ». Il avait tant côtoyé les paysans que même les gestes secrets des négociations opérées sous une serviette pour que personne ne sache à quel prix cet or noir était marchandé ne lui étaient pas inconnus. Mais il ne les décrivait pas à ses étudiants. On ne donne jamais son coin à champignons et l'on ne divulgue pas non plus ce qui doit rester ignoré des profanes. Pour un historien du terroir, il était tout de même curieux avec son costard à la coupe parfaite, ses lunettes de soleil de marque et ses cheveux gominés, une classe qu'il avait conservée de son Italie natale.

Quand il fut informé de la mort de François Godefroy, il écarquilla les yeux et sa bouche se décrocha. Il demanda immédiatement comment le drame était arrivé, mais les policiers préfèrent poser des questions qu'y répondre. Le capitaine se contenta de hausser les sourcils et de hocher la tête, une façon de dire que c'était une longue histoire et qu'il n'avait pas l'intention d'en parler. Comme

Tarate l'interrogeait sur la situation professionnelle de la victime, Jacques Motta eut un mouvement de recul. Et de son petit accent italien mêlé à celui du Sud-Ouest, il se récria. C'était donc d'un meurtre qu'il s'agissait et non d'un accident ?! Le policier ne lui laissa pas le temps de reprendre ses esprits et lui demanda s'il existait des tensions dans l'équipe enseignante. En s'épongeant le front, qu'il avait singulièrement dégarni, Motta balbutia que, sans doute, il pouvait se produire des frictions comme dans toutes les collectivités humaines, mais qu'il n'y avait là rien de personnel, uniquement du professionnel. Ou alors rien de professionnel, uniquement du personnel. En tout cas, pas de quoi tuer un chat. Non, personne n'aurait pu imaginer cela. Non, personne n'aurait pu commettre un tel acte. Et puis, les universitaires avaient de tout autre façons de régler leurs problèmes : le responsable d'un cours pouvait se venger d'un collègue en lui attribuant un emploi du temps pourri, des cours le vendredi après-midi et le lundi matin afin de lui saboter les week-ends élargis dont les professeurs sont férus pour poursuivre leurs recherches à Biarritz ou Saint-Jean-de-Luz quand le soleil revient au printemps. Et de plein d'autres façons encore.

Mais en règle générale, personne n'en arrivait à la guérilla ouverte, car dans cet univers autogéré où tout le monde peut nuire à tout le monde, il convient de vivre en bonne entente plutôt que dans le règlement de comptes permanent. Alors Godefroy, là-dedans ?

Il venait à peine d'être recruté ! Il n'était pas encore au cœur des enjeux de pouvoir mais il allait y entrer. Il n'était jusque-là qu'un simple ATER. Tarate sursauta.

— À terre ?!?

— Attaché temporaire d'enseignement et de recherches, précisa Motta en faisant rouler les *r*. C'est un statut précaire réservé aux thésards et aux jeunes docteurs pour mettre un pied à l'université et se faire la main.

— Et André Limon ? Est-il lui aussi sous ce statut précaire ?

Motta se recula instinctivement. Était-il possible que l'on soupçonne ce pauvre André ?

— André, vous savez, c'est un bon petit gars, incapable de méchanceté. Alors, oui, il a certainement dû mal vivre le fait que la commission choisisse François, mais il le savait depuis plusieurs jours, avant même l'élection. On ne l'avait pas bercé de faux espoirs.

— Vous l'avez prévenu qu'il ne serait pas recruté ?

— Non, moi non.

— Alors qui ? Vous avez dit qu'on ne l'avait pas bercé de faux espoirs, qu'il savait plusieurs jours à l'avance le résultat du recrutement.

— Peut-être que d'autres l'ont fait, mais il n'y a pas besoin de dire les choses si brutalement. On sait si l'on est soutenu ou pas, c'est une atmosphère, il y a des bruits, des gestes, des sourires, des mots d'encouragement qui ne trompent pas.

— Pourquoi avoir recruté Godefroy et non Limon ?

Motta soupira, l'air ennuyé. Tarate comprit que le professeur ne voulait pas entrer dans les détails de la cuisine universitaire.

— Il n'y avait rien à redire sur le dossier scientifique d'André, mais François paraissait… comment dire… il était le candidat le plus soutenu. C'est aussi simple que cela. Franchement, vous perdez votre temps si vous soupçonnez André Limon, je vous assure que c'est une piste sans issue.

Et Jacques Motta se mit à défendre Limon avec conviction. Il passait son temps en bibliothèque et dans les archives, ou bien à rédiger des articles et même des ouvrages. Il avait publié sa thèse remaniée sur les résistances à la guerre de 1914-1918 et travaillait sur un autre projet. C'était à se demander s'il avait une vie en dehors de la recherche. Pas d'amis, pas de femme, aucune passion connue. Mais il ne fallait pas se faire de souci pour lui. Il serait pris ailleurs. Ce qu'il allait advenir de lui après son échec à Toulouse ? Eh bien, son contrat prenait fin en août, il serait réintégré dans l'enseignement secondaire, au collège ou au lycée, et il candidaterait sans doute l'année prochaine dans d'autres universités où son profil coïnciderait plus ou moins avec le fléchage d'un poste ouvert au concours.

— Mais là, évidemment, avec la mort de François Godefroy, c'est différent, non ?

Motta parut foudroyé par la question du policier.

— C'est vrai, c'est vrai, balbutia le professeur qui semblait réaliser subitement pourquoi Limon était suspecté. Quand le numéro un du classement est... défaillant..., c'est le numéro deux qui prend aussitôt sa place.

— Vous confirmez donc qu'André Limon devient maître de conférences grâce au décès de Godefroy ?

— Eh pardi ! fit le directeur du département d'histoire avec un grand geste d'impuissance autant que d'énervement.

Il se reprit immédiatement.

— Je vous assure, c'est ailleurs qu'il faut chercher, André n'a rien à voir là-dedans.

Le portable du policier sonna. Avant de décrocher, il remercia Jacques Motta pour le temps qu'il lui avait accordé et lui signifia qu'il aurait peut-être encore besoin de ses services. Le téléphone rivé à l'oreille, il vit le professeur s'éclipser à grandes enjambées vers le parking. Visiblement troublé, loupant la première marche de l'escalier et se rattrapant de justesse, Motta se retourna pour constater que le policier le suivait des yeux.

— Allô, Pascal ?

C'était le légiste au bout du fil. Ils se connaissaient bien et de temps à autre, ils s'invitaient à dîner et se racontaient des histoires de crimes, toutes plus atroces les unes que les autres.

— Tu ne devineras jamais de quoi est mort ton client...

— Je ne sais pas, champignons vénéneux? rupture d'anévrisme?

Le docteur éclata de rire.

— Non, d'une balle dans le crâne, enfin dans la nuque, plus exactement. Mais c'est la première fois que je vois ça.

— Qu'est-ce que tu me racontes? Tu n'as jamais autopsié un mort par balles?

— Quelques-uns. Sauf que la balle qui a tué ton bonhomme provient d'un pistolet automatique Star, calibre 7,65.

— Un Star!? Mais c'est une pièce de musée?

— Je veux. C'est un modèle 1914, celui qui équipait les officiers français dans les tranchées de la Première Guerre mondiale.

2

14 juin

S'il est une règle basique enseignée dans les écoles de police, c'est bien celle-ci : chercher à qui profite le crime. À ce titre, André Limon, le second devenu premier par la grâce d'un assassinat, avait tout du coupable idéal. Il était en mauvais termes avec la victime, travaillait comme Godefroy sur la Grande Guerre et rivalisait avec lui pour le même poste. Sans parler de l'arme du crime qui n'était pas anodine. Celle-là, il y avait peu de chance de retrouver la trace de son enregistrement dans les fichiers ! Bien qu'il soit officiellement interdit de posséder des armes de guerre en état de marche, nombre de collectionneurs en avaient chez eux. C'étaient pour eux des pièces historiques, ou encore un héritage du grand-père qu'ils n'avaient jamais eu le temps ni l'envie de faire neutraliser. Certains ignoraient même la loi. De toute façon, quand un collectionneur possédait une arme, il avait rarement les munitions qui allaient avec.

Le capitaine Tarate avait Limon dans le viseur. Il se présenta, à la première heure, à son domicile, 18, rue des Filatiers, un vieil immeuble au coin duquel était fixée une plaque informant le passant qu'ici était né le glorieux général Pelet-Clozeau. Une main iconoclaste avait ajouté en dessous au feutre noir : « On s'en fout ! » Et, de fait, le policier leva un sourcil dubitatif devant ce général dont le nom lui était parfaitement inconnu. Il en tira la triste conclusion que la gloire était une chose périssable. Les appartements des deux premiers étages étant les plus cossus, Pascal Tarate monta directement au troisième, sous les toits, seul compatible avec un salaire de fonctionnaire. Sur le palier, il y avait deux portes. Le nom d'André Limon était écrit à la main sur un morceau de papier recouvert d'adhésif sur une des sonnettes. Mais il eut beau sonner et frapper, il n'y eut aucune réaction. Il était tôt, pas même 8 heures. Peut-être l'oiseau était-il encore en train de dormir dans son nid. Alors il insista, laissant son doigt enfoncé sur la sonnette durant cinq secondes. Puis il colla son oreille à la porte. Rien. Pas un bruit. Il recommença l'opération. La sonnette résonna cette fois-ci dix secondes de suite. La porte du logement voisin s'ouvrit et un homme en pyjama apparut. Il s'essuyait les mains l'une contre l'autre, tout en continuant de mâcher son petit déjeuner interrompu.

— C'est pas la peine d'insister… Il est pas là.

— Vous savez quand il va revenir ?

— Aujourd'hui, j'crois.

— Par hasard, vous ne sauriez pas depuis quand il est parti ?

— Oh... Trois jours.

Le capitaine fit une grimace.

— Trois jours, vous êtes sûr ?

L'homme haussa les épaules et son regard se fit méfiant. Qui était donc cet individu qui lui posait des questions indiscrètes ? Tarate désamorça immédiatement les soupçons en lui montrant sa plaque. Le voisin ouvrit de grands yeux. Alors, le policier réitéra sa question :

— Vous êtes certain que votre voisin est parti depuis trois jours ?

— Ah oui... D'ailleurs il m'a donné sa clef pour que j'arrose les plantes, avec cette chaleur, vous comprenez. J'ai aussi celle de sa boîte aux lettres pour relever le courrier.

Tarate pinça les lèvres, un tic qui trahissait chez lui la contrariété. Il remercia et tendit sa carte. Quand Limon reviendrait, il faudrait l'avertir qu'on l'attendait d'urgence au commissariat central, boulevard de l'Embouchure.

Le coup de l'absence ressemblait à un alibi à deux balles. Donner sa clef pour trois jours seulement signait une volonté de disposer d'un témoin attestant de son départ au moment fatidique. Comme si le courrier allait déborder de la boîte aux lettres et les plantes crever en seulement trois petites journées. Limon lui apparut encore plus suspect. Comme il avait relevé son 06 en épluchant les SMS de la victime, il appela immédiatement l'enseignant. Tarate fut aussitôt renvoyé sur le répondeur. Il était tôt, peut-être le portable était-il coupé ou bien Limon se situait dans une zone de mauvaise réception. Il essaierait à nouveau dans une heure.

En attendant, le capitaine avait de quoi s'occuper. De retour au commissariat, il commença par lancer une requête sur l'historique de la géolocalisation du portable d'André Limon. Il ne devait sans doute pas être assez bête pour avoir emporté son téléphone le jour du crime, si tant est qu'il en soit l'auteur, mais il avait dû venir repérer les lieux les jours précédents. Car le crime était prémédité : on ne tue pas un spécialiste de la Grande Guerre avec une arme de 14-18 par hasard. Bien sûr, ce ne serait pas une preuve, juste un élément qui permettrait de renforcer les présomptions. Les grandes pistes naissent toujours de petits détails. Dans la foulée, il réclama à tous les opérateurs téléphoniques l'identité des individus se situant aux alentours de la scène du crime, le long du canal du Midi, au moment précis où l'appareil de Godefroy s'était immobilisé : peut-être quelqu'un avait-il vu quelque chose ou croisé un individu au comportement étrange. Et puis un pistolet Star, ce n'est pas ce qu'il y a de plus silencieux ! Les joggeurs vespéraux avaient certainement dû entendre le bruit de la détonation. Il faudrait donc interroger tout ce monde, recueillir les témoignages. Un boulot fastidieux qu'il déléguerait à d'autres. Enfin, il fit demander au juge d'instruction de requérir auprès des sites marchands de vente en ligne, de NaturaBuy à eBay, en passant par militaria.com et Le Boncoin, la liste des clients ayant acheté un Star, calibre 7,65. Et puisqu'il était lancé, il sollicita l'autorisation du même juge de perquisitionner l'appartement d'André Limon.

Comme il s'impatientait, il composa à nouveau le numéro de ce dernier. Cette fois-ci, l'homme décrocha. Un bruit de fond désagréable sauta à l'oreille du policier. Celui d'un train en marche. Quand il demanda à Limon de se rendre séance tenante au commissariat pour « une affaire vous concernant », selon la formule consacrée, il sentit au bout du fil la pétrification de son interlocuteur. Un silence, puis une voix froide, faussement neutre, qui s'efforçait de n'exprimer ni surprise ni émotion : c'était entendu. Il arriverait à la gare Matabiau d'ici à une heure. Il serait là au plus vite. Tarate raccrocha en se frottant les mains puis consulta le rapport d'autopsie qui venait juste d'arriver. Aucun élément intéressant, rien sur quoi s'appuyer, pas une seule trace d'ADN étranger à part celui de la femme de Godefroy qui devait plier et ranger le linge à la maison. Juste une balle dans la nuque et rien d'autre. Pas plus de grain à moudre du côté de la Scientifique, les experts avaient seulement identifié précisément l'endroit où Godefroy avait été tué à quelques taches de sang relevées dans l'herbe. Sans surprise, c'était au niveau le plus bas du talus derrière le chemin de halage, c'est-à-dire à l'abri des regards. S'il y avait eu des passants en face, de l'autre côté du canal, ils n'auraient rien vu. Mais les relevés effectués sur la zone étaient catégoriques sur un point : aucune trace de lutte n'avait été décelée. Cela signifiait que Godefroy avait suivi son assassin sans faire d'histoires. Peut-être même l'avait-il précédé puisqu'il avait été abattu par-derrière. Une constatation s'imposait donc, il connaissait son meurtrier. C'était assez évident pour Tarate qui ferma le rapport en pinçant les lèvres. Cependant, il n'était pas plus avancé.

Il passa ensuite à la lecture du rapport de ses coéquipiers qui avaient dépouillé les e-mails de François Godefroy. Les échanges avec André Limon étaient rares, remontaient à plusieurs mois pour le dernier et restaient dans un cadre strictement professionnel. Tout juste lui signalait-on des messages ambigus avec un certain Nicolas Villefranche au sujet du club « le Lib », principal club libertin de Toulouse. Ce n'était pas grand-chose, mais cela avait au moins le mérite d'apporter un nouvel éclairage sur la personnalité de la victime. Il faudrait creuser ça. Ne rien négliger. En jetant un œil aux e-mails les plus récents de la liste, le capitaine s'arrêta sur un courriel que ses collègues, faute d'en savoir plus sur l'organisation de l'université, n'avaient pas souligné. Jacques Motta, le directeur du département d'histoire, l'assurait de son soutien lors de la commission de recrutement – il employait le mot « consensus » –, mais lui demandait en échange de son ralliement de rejoindre son laboratoire, le groupe de recherche en histoire de la Méditerranée :

Si jamais tu es recruté, ton profil correspond naturellement au groupe d'histoire de la guerre, mais tu sais que Peyriac est un retraité désormais sans influence et que ce groupe de recherche est en train de s'étioler mortellement. En le rejoignant, tu peux prolonger son agonie mais tu ne pourras pas le revivifier compte tenu des projets ministériels de concentration des laboratoires. Il serait plus intelligent pour toi de t'affilier au groupe d'histoire de la Méditerranée : l'équipe y est beaucoup plus nombreuse et dynamique, les moyens sans commune mesure. Si tel était ton choix – je te laisse libre d'y réfléchir –, je pourrais te proposer d'y entrer avec le poste de directeur adjoint. Si ta réponse est positive, je te garantis le consensus sur ton nom. Naturellement, garde cette conversation pour toi. La balle est dans ton camp.

Le poste de directeur adjoint d'un grand laboratoire, avec l'éventualité d'en prendre la tête à l'heure de la retraite de Jacques Motta, voilà des perspectives intéressantes pour un jeune homme ambitieux. Et dans l'immédiat, dire oui assurait son élection contre son rival, André Limon. Il n'y aurait plus de bataille, toutes les voix se porteraient sur lui seul. La réponse de Godefroy, Tarate ne l'avait pas. Prudent, le candidat au recrutement avait dû prendre le téléphone, selon le bon vieux principe qui veut que les paroles s'envolent tandis que les écrits restent dangereusement.

Pour en savoir plus, le policier appela Jacques Motta. Le directeur du département révéla que Godefroy avait accepté de le rejoindre s'il lui garantissait en effet son élection. Savait-il si ce pacte s'était ébruité ? Était-ce possible ? Techniquement oui, puisqu'il lui avait bien fallu faire campagne auprès des collègues de son groupe pour arrêter la position commune. Mais chacun s'était engagé à garder la conversation secrète. Pour séduire les quelques enseignants favorables à Limon ou rétifs à Godefroy, Motta avait dû faire quelques concessions. On retirerait à l'un la charge éreintante du programme Erasmus que l'on confierait au nouveau recruté, et à l'autre, qui en avait assez de se rendre à Albi pour y faire cours dans le centre universitaire délocalisé, on promettait que Godefroy écoperait de la migration pendulaire à sa place. Il fallait bien faire quelques menus sacrifices pour obtenir une adhésion unanime. Le policier en conclut qu'il était peu probable que ces arrangements d'arrière-cuisine soient restés totalement secrets. Les textos d'André Limon au sujet de « la lèche » de François Godefroy venaient sans doute de là.

Le train en provenance de Bordeaux Saint-Jean s'arrêta à la gare Matabiau à 11 heures pétantes, avec deux minutes d'avance sur l'horaire officiel. Des contractuels en gilet rouge distribuaient des enveloppes du service régularité sur le quai pour que les râleurs puissent se plaindre de cette entorse inacceptable à la tradition séculaire. Limon, en costume-cravate, qui tirait derrière lui une petite valise à roulettes, s'engouffra dans le métro. Outre le fait qu'il était sans conducteur, le métro de Toulouse avait une caractéristique qui étonnait les visiteurs. Non seulement une voix annonçait le nom de la station quand la rame y faisait son entrée, mais elle le doublait de sa traduction en occitan. Capitole devenait ainsi Capitoli, Jolimont se transformait en Belmont, avec un *t* sonore, et Jean-Jaurès était renommé Joan-Jaurès mais prononcé John Jorisse. Le pauvre Mermoz savait-il qu'il s'appelait en réalité Mermousse ? Cela changeait tout. Des groupes de pression occitanistes avaient obtenu de haute lutte cette victoire culturelle qui permettait aux Toulousains de se réapproprier une langue que personne ne parlait plus, et qu'on n'entendait donc plus nulle part ailleurs que dans le métro. Les rieurs disaient que c'était une Bretonne qui avait enregistré les noms en occitan et, pour preuve, affirmaient qu'il avait fallu réenregistrer la station Patte d'oie qui, durant des années, s'était appelée indûment Pe d'auca avant d'être renommée plus classiquement Pato d'auco.

André Limon descendit donc à la station Canal-del-Miègjorn dont la sortie était située à deux pas du commissariat central. Il s'était tant pressé qu'il déboula en sueur et, quand Pascal Tarate vint à sa rencontre pour le conduire dans son bureau, il s'était complètement liquéfié. Le bureau du capitaine n'était pas climatisé, pas plus que ne l'était celui du commissaire. Déjà que c'était tout un poème pour renouveler le stock de ramettes de papier ou de trombones, avec des formulaires à remplir en plusieurs exemplaires, alors la clim, il ne fallait pas trop y songer. Au moins Tarate pouvait-il exhiber un ordinateur écran plat dernier modèle, ce qui n'était pas le cas de tous ses collègues. À l'accueil du public, ils avaient encore des bécanes à gros tubes cathodiques qu'on ne remplaçait qu'avec parcimonie, uniquement lorsqu'elles tombaient définitivement en panne. Cela ne donnait pas forcément une bonne impression. Dans la chaleur d'un mois de juin sans air, la fenêtre ouverte ne rafraîchissait pas vraiment la pièce mais l'emplissait seulement du boucan continu des véhicules défilant sur les deux voies jouxtant le commissariat. Pour pouvoir s'entendre, il fallait fermer la fenêtre, ce qui donnait la sensation de renforcer la fournaise. De grosses gouttes perlaient sur le front d'André Limon, l'eau semblait lui couler des aisselles et trempait sa chemise. Impossible dans ces conditions de tomber la veste et de se rafraîchir un peu. Son souffle même était court tellement il était nerveux et oppressé.

— Vous savez pourquoi je vous ai fait venir ? commença le policier qui, comme les psys, était avare de paroles et préférait toujours faire parler les autres.

En même temps, il observait le jeune homme dont le physique était étonnant : une petite tête au sommet d'un cou de girafon posé sur un corps aussi long que maigre qu'on aurait dit celui d'une marionnette. Limon sembla hésiter un instant puis il fit oui de la tête.

— C'est à propos de Godefroy, c'est cela ? interrogea-t-il.

— Je vois que les nouvelles vont vite, reprit le capitaine.

— J'ai été prévenu par le directeur du département, ce matin. Et j'ai également reçu un texto d'un autre collègue.

Tarate se dit que la discrétion n'était pas le point fort des universitaires.

Le jeune homme qu'il interrogeait était mal à l'aise, il se tortillait sur sa chaise, s'essuyait le front d'un revers de la manche pour recommencer à transpirer deux minutes plus tard. On aurait dit Dominique Baudis sur le plateau de TF1 tentant de démentir les accusations qui pesaient sur lui. Cette nervosité le rendait suspect mais le capitaine savait que les honnêtes gens sont parfois terrorisés quand les truands cachent plus savamment leur jeu. De plus, Limon ne niait pas être en différend avec Godefroy. Il n'avait aucune estime ni aucune amitié pour lui, c'était un roublard, un intrigant, quelqu'un qui travaillait peu mais qui courtisait beaucoup. Mais il ne lui voulait aucun mal pour autant. Bon, il était mort, c'est vrai, et cela lui profitait assurément. Lui, classé deuxième par la commission de recrutement, se retrouvait subitement premier. Il savait que cela le désignait aux yeux des policiers. Mais ce n'était pas lui. Juré, craché.

À la manière du pêcheur au gros qui fait filer la ligne avant de forcer le poisson à revenir, pour l'épuiser peu à peu, Tarate lâcha du mou. D'accord, ce n'était pas lui, il ne l'accusait pas, mais avait-il une idée sur la personne qui pouvait en vouloir à Godefroy ? Limon, qui s'exprimait par phrases courtes, les yeux fixes, le pouce de la main droite touchant alternativement tous les doigts de la main gauche, disait ne rien savoir. Il avait d'ailleurs demandé au ministère sa réintégration dans le secondaire, preuve qu'il ne se doutait pas de ce qui allait se produire. Une preuve des plus contestables pour Tarate qui avertit le jeune homme qu'il le plaçait en garde à vue pour vingt-quatre heures. Il vit l'enseignant se décomposer, son regard rouler, implorant, et ses doigts jouer les uns contre les autres une symphonie étrange toujours plus rapide. Un instant, il eut peur qu'il s'évanouisse dans son bureau. Pour le rassurer, il commença par lui poser des questions sur sa thèse, soutenue l'année précédente. Son sujet portait sur les résistances à la guerre. Subitement, l'enseignant-chercheur retrouva des couleurs et se mit à expliquer qu'il tenait au pluriel car les formes de résistance, bien que marginales, étaient extrêmement variées. Il s'animait, ses phrases, si courtes quelques minutes plus tôt, devenaient complexes et il parlait avec conviction, comme s'il voulait convaincre un jury. Le capitaine écoutait plus ou moins distraitement, ses questions ingénues n'étaient là que pour redonner un peu de confiance à un individu qu'il sentait fragile. Il laissait de nouveau filer l'espadon pour mieux le ferrer. Limon enchaînait, totalement autocentré, déroulait son CV, détaillait comment une recherche en avait amené une autre, ce qui l'avait mis sur la piste de tel sujet, résumait l'ouvrage qu'il terminait sur la mémoire des mutins de 1917, et il prenait plaisir à affirmer que l'article qu'il venait d'achever sur un maquis de déserteurs anarchistes en 1914 ferait grand bruit. Faussement innocent, Tarate félicita le jeune homme pour sa passion et voulut savoir si, en dehors des archives, il développait aussi un intérêt pour l'objet en tant que médiateur de l'histoire. Avec le sourire retrouvé, André Limon confia qu'il achetait de temps à autre de l'artisanat de tranchée, coupe-papiers, obus sculptés, vide-poches, briquets, pipes, tout ce qui pouvait illustrer la vie quotidienne du poilu. Il avait aussi, ce qui était assez rare, un paquet de « perlot », du tabac noir jamais ouvert distribué par l'intendance militaire et...

— Et des armes ? le coupa le policier.

Le visage de l'enseignant se crispa, tétanisé, ses yeux s'écarquillèrent et il ne put prononcer la moindre parole durant deux secondes.

— Des armes, dites-vous ?

— Oui. Vous en collectionnez ?

— Euh... Ça dépend...

— Comment ça ? Ça dépend de quoi ?

— Euh… J'ai des armes blanches, des poignards de tranchée, un fusil Mauser que mes parents m'ont offert à mes 18 ans… Démilitarisé, je précise… Euh… des baïonnettes…

— Mmmh… Et des pistolets ?

— Non. C'est très cher, vous savez. Il paraît qu'il y a trente ans on avait ça pour rien, aujourd'hui ça peut monter dans les 3 000 euros. Je n'ai pas vraiment les moyens.

Le policier avait noté le trouble dans lequel la question avait jeté Limon. Lui qui s'était apaisé quand il parlait d'histoire s'était remis brusquement à suer et à s'agiter. Et de nouveau le pouce de la main droite reprenait son étrange chorégraphie avec les doigts de la main gauche. Brutalement, Tarate poussa l'avantage, avec l'intention de déstabiliser le jeune homme.

— Que faisiez-vous mercredi, entre 18 et 20 heures ?

Un bref sourire, qu'il réprima aussitôt, illumina fugacement le visage d'André Limon.

— Ce mercredi 12 juin ? J'étais à l'université de Bordeaux III. Il y avait un colloque transdisciplinaire et diachronique sur le thème « Qu'est-ce qu'un résistant ? ».

Il ouvrit sa valise, farfouilla dans une sacoche et en sortit un papier. Il le tendit vers Tarate.

— Tenez. C'est le programme. Vous voyez, mercredi je parlais à la toute fin de la journée… Il est indiqué 17 heures sur le programme, mais nous avions pris du retard, comme d'habitude, et quand j'ai terminé ma communication il devait être 18 h 15 environ. Les questions ont été écourtées, les travaux du colloque ont pris fin à 18 h 30 et nous nous sommes tous retrouvés vers 20 heures au restaurant... voyons... je ne me rappelle plus le nom de ce restaurant mais il vous sera facile de le retrouver en vous adressant aux organisateurs. Et puis hier, jeudi 13 juin donc, il y a eu la deuxième journée du colloque comme vous voyez et...

— Je suppose que vos dires peuvent être corroborés par quantité de témoins ?

— Évidemment. Vous pouvez vous adresser à tous les participants si vous le souhaitez, ils ne manqueront pas de confirmer ma présence. J'avoue que je suis parti assez tôt du restaurant car j'avais mal à la tête et j'étais fatigué, le stress de parler en public et puis, certainement, le vin dont j'ai abusé... Ah ! Oui... Le colloque a été filmé pour être diffusé sur Internet. Il devait être mis en ligne ce matin sur YouTube, vous verrez que j'y étais, notamment à l'heure qui vous intéresse.

Il rayonnait. C'était le policier qui accusait le coup, sans rien montrer toutefois de sa déception. Tarate voulut en avoir le cœur net, ouvrit YouTube sur son ordinateur et tomba comme indiqué sur le colloque en question. Il cliqua sur la première partie, où la date du 12 juin apparaissait, et fit glisser le curseur jusqu'à la toute fin de la vidéo. Et, de fait, André Limon était là, qui achevait de répondre à une question. Le président de séance reprenait la parole, s'excusait pour le retard, annonçait que la première journée de ce colloque avait été riche et intéressante mais qu'il fallait absolument rendre la salle parce qu'il n'était pas prévu que les agents de sécurité qui fermeraient les portes de la Maison de la recherche fassent des heures supplémentaires. L'horloge au-dessus de la tribune indiquait bien 18 h 30. Il n'y avait pas de doute. En policier consciencieux, il vérifierait en appelant le professeur qui présidait la séance, mais d'ores et déjà il savait que Limon ne pouvait pas être l'assassin de Godefroy. On ne peut pas être à la fois à Bordeaux et à Toulouse à l'heure du crime. Et une trentaine de personnes pouvaient témoigner en faveur du jeune homme. C'était ce qu'on appelait un alibi en béton. Tarate sentit le sol s'ouvrir sous lui. Sa principale piste venait de se dérober.

Il se leva. Indiqua à l'enseignant-chercheur que la garde à vue prenait fin et qu'il se proposait de le ramener à son domicile. Pour tout dire, le jeune homme aurait préféré se passer d'un chaperon envahissant mais il n'eut pas le courage de le lui dire. Parvenu rue des Filatiers, Pascal Tarate exprima le désir de l'accompagner jusque dans son appartement. Comme Limon fronçait les sourcils, le policier lui montra le papier l'autorisant à perquisitionner son domicile. Cependant, compte tenu de ses déclarations qui l'innocentaient totalement, il se contenterait d'un simple coup d'œil. La mine fermée, le regard inquiet, Limon acquiesça sans chaleur. Son logement était un petit deux-pièces avec des poutres apparentes. Une chambre, une cuisine ouverte sur le salon et une salle de bains. Tout un mur était entièrement tapissé de livres, en double épaisseur sur les étagères, les gros derrière et les petits devant. Sur le sol, il y en avait d'autres placés en piles qui arrivaient à la hauteur de la taille. Pas facile de s'y retrouver. Le policier eut vite fait de repérer ce qui l'intéressait : la collection consacrée à la Grande Guerre, exposée fièrement sur le mur d'en face. Un fusil allemand, des écussons, de l'artisanat de poilus, et des baïonnettes, une française et une anglaise. Entre ces deux lames, une place vide sautait aux yeux avec son halo de poussière qui épousait la forme d'une troisième baïonnette, plus courte et plus râblée. Peut-être une allemande ? Pas de pistolet Star à l'horizon. Il remercia. Avant de partir, il vit trois lettres sur la table et quelques publicités. Devant les fenêtres trônaient trois plantes en pot. Et c'est pour ces trois petits pots que Limon avait confié ses clefs au voisin ? De toute façon, peu importait puisque Limon avait un alibi.

3

Il fallait trouver une autre piste. Mais de piste, Pascal Tarate n'en avait point. Celle d'André Limon lui avait paru tellement naturelle qu'elle avait phagocyté son attention, et il se trouvait désorienté depuis son explosion en plein vol. Les joggeurs du canal du Midi, tous retrouvés *via* leurs téléphones, n'avaient rien entendu, la musique à fond dans les oreilles. Un seul reconnaissait avoir perçu une détonation, mais il l'avait interprétée comme le bruit du pot d'échappement d'une grosse cylindrée. Pour le reste, personne n'avait rien vu. Le capitaine Tarate n'en laissait rien paraître mais il commençait à paniquer. Quincampoix venait régulièrement aux nouvelles, cependant il lui laissait entièrement les mains libres, ne lui mégotait aucun moyen, matériel ou humain. Mais cela signifiait aussi qu'il lui abandonnait toute la responsabilité de l'enquête. Et comme celle-ci marchait vers l'enlisement, le commissaire ne feignait même pas d'en être contrarié. Tarate savait qu'il était obligé de réussir, sans quoi on ne le raterait pas. Et une fois à terre, avec l'étiquette de mauvais flic collée au front, il serait plus facile encore de le faire passer pour un menteur devant les tribunaux. Ce serait leur parole, à tous, contre la sienne. Et lui passerait pour le médiocre à l'orgueil blessé qui cherchait à régler ses comptes. Il serait sanctionné pour avoir dit la vérité. Dans l'institution, on n'aimait pas les collègues qui n'étaient pas solidaires. Mais Tarate ne voulait pas couvrir une bavure. Ils étaient allés trop loin ce soir-là. Non seulement ils s'étaient déshonorés, mais ils avaient déshonoré l'uniforme avec eux, et le capitaine avait pris le parti de la justice plutôt que celui de la corporation. Une erreur qu'on voulait lui faire payer cher. Il ne fallait donc pas rater l'enquête pour ne pas arriver diminué devant les juges. Mais plus il se répétait cette injonction, plus il perdait pied. Car rien ne marchait.

Il repassa les courriels de Godefroy au peigne fin, éplucha les relevés bancaires de la victime, de son épouse, et même ceux d'André Limon puisqu'il les avait commandés avant que celui-ci soit mis hors de cause, mais toutes ses tentatives furent vaines. Il n'y avait pas le moindre début d'un soupçon d'indice. À part peut-être cette histoire de club libertin à creuser, faute de mieux. Il retourna voir la veuve avec l'intention de la questionner là-dessus, mais quand il la trouva en pleurs, de retour de la morgue où elle venait de reconnaître le corps de son mari, il n'osa pas aborder le sujet. Il verrait avec ce Nicolas Villefranche qui échangeait avec Godefroy des SMS suggestifs à propos d'un club échangiste toulousain. Tarate se contenta de revenir sur l'élection de François Godefroy à l'université et sur les deux laboratoires qui se disputaient son affiliation.

Clémentine Godefroy lui confia que pour être certain d'être recruté, il avait effectivement joué sur les deux tableaux, endossé le rôle du candidat officiel du groupe d'histoire de la guerre tout en acceptant discrètement d'entrer dans le groupe d'histoire de la Méditerranée. Cette rouerie s'était-elle ébruitée ? Elle le craignait puisqu'il avait eu un bref échange téléphonique avec Denis Peyriac, la veille de l'élection, qui s'était achevé de façon houleuse : elle avait entendu son mari élever la voix. Mais rien de grave apparemment, puisque François avait été pris d'un fou rire après avoir raccroché. Comme elle s'étonnait, il lui avait juste dit que Peyriac était un con et que de toute façon, pour le recrutement, le lendemain, c'était plié. Il serait élu avec un large consensus.

En repassant au commissariat, le capitaine Tarate découvrit qu'une main anonyme avait placé sur son bureau un exemplaire de *La Dépêche* où un portrait de François Godefroy occupait la moitié de la une avec cette légende : « Qui a tué le professeur ? » Le quotidien faisait un résumé circonstancié de la disparition de l'enseignant, avec l'interview de son épouse et de plusieurs de ses étudiants. Rien que de très banal et de très larmoyant sur le thème du professeur formidable qui faisait vibrer ses élèves – à part la flèche qui lui était destinée en fin d'article : « À cette heure, la police semble n'avoir encore aucune piste pour éclairer cet étrange assassinat. »

En repliant le journal, il vit alors, placé devant l'ordinateur, une bouteille de whisky à l'étiquette illustrée d'un clown en kilt. La plus basse qualité du marché. Les salauds ! Ils savaient donc ! Sa main se mit à trembler. Cela faisait pourtant des mois qu'il n'avait pas bu une goutte. Il plaça la bouteille bien en vue, sur les étagères, à la façon d'un trophée, pour se rappeler chaque jour qui viendrait la puissance de sa volonté et la bassesse de ses collègues. Puis, n'ayant plus vraiment le cœur à l'ouvrage, il rentra chez lui. Demain serait une rude journée, il avait convoqué tous les membres de la commission de recrutement et naturellement le professeur émérite Denis Peyriac.

Le soir, solitaire devant son porc au kimchi acheté au boui-boui asiatique du bas de son immeuble, Tarate fut incapable de penser. La cible passive idéale pour le divertissement de la première chaîne. Et pour la première fois depuis des mois, l'alcool lui manqua. Non pas le goût mais l'anéantissement, la sensation que plus rien n'avait d'importance. Il se reprit, éteignit la télévision rageusement et alluma son ordinateur. Ce soir, refusant finalement d'accorder à la publicité son temps de cerveau disponible, il se força à regarder le fameux colloque en ligne « Qu'est-ce qu'un résistant ? » organisé par l'université Bordeaux III. Par acquit de conscience, il avait appelé deux professeurs de l'université portant le beau nom de Montaigne, et tous deux avaient confirmé en tout point les déclarations d'André Limon. Ce dernier avait été le participant le plus assidu, de la première à la dernière heure. Le programme était marqué par l'éclectisme : « Spartacus, le premier résistant ? », « Le refus de la conscription sous la Révolution », « Étienne Marcel, résistant à la monarchie absolue ? », « Le FLN, entre résistance et terrorisme », etc. André Limon, lui, intervenait sur le thème « 1914-1918. Comment le consentement patriotique a écrasé la résistance à la guerre ». Cela partait dans tous les sens. En ouvrant la journée, un vieux professeur présentait doctement les grandes lignes directrices du colloque et prophétisait que la discussion serait riche. En fin de journée, le même homme revenait pour conclure que la réflexion avait été riche tout comme elle le serait le lendemain. Le plan sur la salle, au moment des questions, révéla cruellement au policier que l'assistance était, pour sa part, loin d'être riche. Quelques enseignants, que l'on reconnaissait à leur costume à la dernière mode de la Camif, et quelques jeunes au fond de la salle, les seuls à prendre des notes. Certains de ces étudiants avaient l'air de souffrir, et regardaient leur portable ou levaient les yeux au ciel en attendant que le temps passe. Inscrits en thèse ou en master, ils étaient plus ou moins forcés d'être présents, si bien qu'il n'y avait d'autre assistance volontaire au colloque que les participants eux-mêmes. Le policier s'endormit dès la première communication qui s'attachait à distinguer le rebelle du résistant. Le colloque d'historiens, remède universel à l'insomnie.

4

15 juin

Les morts, c'est bien connu, ont toutes les vertus. Denis Peyriac n'avait que des lauriers à tresser pour celui qui avait été son étudiant. Il expliquait l'importance de son sujet de thèse sur la désertion, à quel point il avait permis de montrer que les Français ne s'étaient pas résignés à la guerre, et à une guerre longue et meurtrière de surcroît. Mais en rendant hommage au travail de François Godefroy, travail qu'il lui avait confié, qu'il avait dirigé, qu'il avait supervisé, qu'il avait accouché, qu'il avait contribué à faire publier, Peyriac se rendait surtout hommage à lui-même. Pas un mot sur Godefroy, sur ses qualités, ses défauts. Rien de personnel. Tarate se dit qu'il avait encore affaire à un autocentré. Complètement dégarni, le teint cireux du fumeur invétéré, le corps malgré tout bien conservé de l'ancien champion départemental de natation qu'il avait été dans sa jeunesse, Peyriac ne savait pas parler des autres. Et quand il y condescendait, il finissait toujours par revenir au seul sujet qui comptait à ses yeux : lui-même. À part lui et son œuvre, il n'y avait aucune conversation digne d'intérêt à l'exception du plaisir de dire du mal de ses adversaires, de ceux qui ne pensaient pas comme lui, des odieux critiques de ses thèses immortelles. Plus que d'un aigle dont il affectait la posture, il s'agissait plutôt d'un moineau couvert de blessures d'orgueil. Tarate comprit plus facilement le portrait que Clémentine Godefroy avait dressé du professeur retraité. François avait su le séduire parce qu'il était malin, et Peyriac avait été séduit parce qu'il était idiot. Il le voyait comme son fils spirituel, alors que Godefroy ne s'intéressait qu'au passeport pour le recrutement que son soutien lui offrait. Le berner était assez facile, du reste. Il y avait chez Peyriac une fracture d'amour-propre, une volonté d'être reconnu comme un grand savant qui le rendait vulnérable à tous les compliments.

Le capitaine ne le laissa pas dériver et le ramena directement au sujet en lui demandant quel rapport il entretenait avec son étudiant en dehors du strict cadre scientifique. Peyriac se redressa et prit un air offusqué. Les rapports humains passaient pour lui au second plan, mais il se fendit tout de même d'un compliment qui sentait l'effort ou l'insincérité.

— Dans ce cas, pourquoi s'être disputé avec lui la veille de son recrutement ?

Le professeur émérite plissa les yeux et dodelina de la tête, une façon de dire au policier qu'il allait lui parler franchement puisqu'il était au courant.

— C'est vrai, je me suis senti trahi quand j'ai appris que mon propre étudiant ne rejoindrait pas le laboratoire que j'ai créé autrefois. C'est vrai que je lui en ai voulu. Je le voyais un peu comme mon héritier, celui qui allait reprendre le laboratoire sur l'histoire de la guerre et le faire prospérer comme aux temps où je m'en occupais moi-même directement. Et puis, vous ne savez pas tout ce que j'ai fait pour lui, l'ingrat. Même son poste d'enseignant temporaire il me le devait. Alors quand j'ai su qu'il me poignardait dans le dos, je lui ai téléphoné pour lui dire ma façon de penser.

— Et qu'est-ce qu'il a répondu ?

— Il s'est à peine excusé, il m'a pris de haut avec un ton… un ton qui n'était pas correct.

— Comment avez-vous eu connaissance de la future affiliation de Godefroy au groupe d'histoire de la Méditerranée et non au groupe d'histoire de la guerre ? Qui donc vous a averti de cette « trahison » ?

Peyriac hésita un quart de seconde avant de lâcher le nom de l'informateur.

— Si cela ne vous dérange pas, je voudrais que cela reste entre nous. Il ne faudrait pas causer d'ennuis à la collègue qui m'a informé de l'insolence de Godefroy.

Le capitaine acquiesça, naturellement.

— Il s'agit de Conchita Martin, spécialiste du cinéma franquiste et directrice du groupe de recherche d'histoire de la guerre.

Tarate afficha sa circonspection.

— En travaillant sur l'Espagne, cette collègue n'aurait-elle pas dû faire partie du groupe de recherche en histoire de la Méditerranée ?

— Certes, certes, répliqua Peyriac. Mais Conchita Martin s'est quelque peu querellée avec Motta il y a quelques années à propos de… je ne sais plus trop quoi. Un remboursement de frais de transport, je crois. Elle a donc claqué la porte de son laboratoire pour rejoindre le mien dont elle est depuis un des membres les plus actifs.

Et Peyriac se mit à vanter les mérites de Conchita Martin. On se souvenait encore, assurait-il, avec une pointe d'admiration dans la voix, du colloque qu'elle avait organisé, « Propagande-Propaganda », au cours duquel des spécialistes internationaux étaient venus comparer les films de 1914-1918 à ceux de la guerre civile espagnole. Les communications avaient été très riches, assurait-il. Le policier n'en avait jamais entendu parler ? Pourtant les actes avaient été publiés aux PUM, poursuivait le professeur retraité.

Tarate haussa un sourcil dubitatif. Les actes ? Les PUM ? Encore du jargon qu'il ne maîtrisait pas. Peyriac se fit violence pour s'abaisser au niveau du profane. Les actes, c'était la version écrite du colloque, généralement publiés grâce à une dotation d'argent public. Les PUM, c'étaient les Presses universitaires du Mirail. Tarate apprit en passant que la plupart des presses universitaires portaient le nom de leur ville. Celles de Rennes s'appelaient les PUR, celles de Lyon les PUL et ainsi de suite. Mais celles de Toulouse avaient préféré le nom du quartier, le Mirail. Le policier comprit de lui-même que paraître aux PUT aurait soulevé des sourires narquois chez les confrères et dévalorisé le travail de qualité dont cette prestigieuse maison d'édition s'honorait à juste titre. Peyriac s'attristait que Tarate n'ait pas eu vent de l'ouvrage *Propagande-Propaganda*, alors qu'il avait été distribué à la librairie Ombres Blanches et jusqu'au Gibert Joseph de la rue du Taur. Il était tout particulièrement fier de sa préface dont il affirmait qu'elle ferait date dans l'histoire du comparatisme. Le capitaine, qui n'avait plus rien à tirer de ce curieux bonhomme, le remercia et se leva pour couper court à la conversation.

Toutes les autres dépositions furent du même acabit. Les universitaires louaient le travail de Godefroy, sa disponibilité, sa bonne humeur, son charisme sympathique. Tout juste ajoutait-on aussi une aptitude peu commune à se glisser dans les cercles de pouvoir. « Les dents qui rayent le parquet », avait résumé Limon dans le bureau de Tarate, au commissariat. Rien d'intéressant à se mettre sous la dent. Quand les membres du groupe d'histoire de la guerre défilèrent devant lui, et tout spécialement Conchita Martin, il voulut savoir pourquoi ils avaient voté en masse pour celui qui avait manqué à sa parole. Il n'obtint aucune réponse franche. Des hésitations, quelques compliments à nouveau sur le travail novateur et essentiel de Godefroy. Et le travail d'André Limon ? N'était-il pas aussi de qualité ? Pourquoi donc ne pas voter pour lui ? Et de nouveau les mines ennuyées, contrites. Oui, oui, le travail de Limon était… encore que… sur certains points il prêtait à… Et puis avec Limon le courant n'était jamais passé. On ne l'avait jamais senti investi. Il ne pensait qu'à son travail, le collectif ce n'était pas son fort. Non, Limon n'était pas le bon cheval. Une parole rare, embrouillée, un manque de confiance en lui et puis trop raide, trop individualiste, trop solitaire. Enfin, comme il serait bientôt leur collègue, du fait de la mort de Godefroy, ils s'en contenteraient et l'accueilleraient volontiers. On sentait quand même que ce n'était pas le grand amour.

Une journée entière passée à l'université avait incontestablement permis d'affiner le portrait de la victime, mais l'enquête n'avançait pas pour autant. Peut-être Tarate aurait-il plus de chance au « Lib », le club libertin de l'avenue Saint-Michel. Il s'y rendit en début de soirée. Le portier commença par le refouler avec les phrases habituelles : c'était un club privé ; il fallait être accompagné ; désolé, il y avait déjà trop d'hommes seuls à l'intérieur. Mais la plaque de police placée sous le nez, il s'excusa très vite. Le nom de François Godefroy lui était inconnu – il ne connaissait que rarement l'identité des clients et n'était pas du genre à la demander. Ici, le mot d'ordre était discrétion absolue. En revanche, il le reconnut sur la photographie présentée par le policier. Ah oui, un bon client, mais qui ne venait plus depuis quelques mois. On le voyait souvent avec un ami, Nicolas, à la barbiche de d'Artagnan et au ventre de Porthos. Mais il venait plus souvent avec une jeune femme blonde, une certaine Samantha, Jessica... ou quelque chose comme cela. Tarate présenta le journal de la veille avec une interview de l'épouse de François Godefroy accompagnée d'une photo. La reconnaissait-il ? Peut-être était-elle teinte en blond il y a quelques mois ? Elle portait peut-être une perruque ? Non, non. Le portier était formel. C'était une autre fille, menue, très jolie, 25-30 ans à tout casser. Pas farouche avec ça.

Tarate sortit du « Lib » ébranlé. Suivre cette piste l'amènerait à confronter tôt ou tard l'épouse au comportement adultère de son mari. Elle risquait de tomber de haut. Il verrait bien. Pour le moment, il creuserait le sillon pour en savoir plus. Cela n'avait sans doute rien à voir avec le meurtre, mais dans l'état d'engluement où se trouvait l'enquête, en savoir plus sur cette mystérieuse maîtresse ne lui ferait pas perdre son temps. Et pour la retrouver, il fallait simplement contacter le fameux Nicolas Villefranche dont il avait repéré les courriels libidineux échangés avec Godefroy. À peine revenu au commissariat à demi déserté ce samedi soir, il adressa donc un message à l'intéressé, lui demandant de le contacter le plus tôt possible pour éclaircir un point en lien avec la mort de François Godefroy. Il n'eut pas longtemps à attendre. Il reçut un appel dans les dix minutes. L'homme au bout du fil était essoufflé, stupéfait. Ayant terminé son service à l'université de Toulouse, ce spécialiste de l'histoire antique venait d'être recruté à Paris I comme PRAG – professeur agrégé détaché dans le supérieur.

— Qu'est-ce que vous me racontez ? Godefroy est mort ?! Si c'est une blague, elle est de mauvais goût.

— Personne ne vous a averti ?

— Non. Non… Personne.

— Pourtant vous étiez proches ?

— Vous savez, je ne suis plus à Toulouse et, au département d'histoire, les contemporanéistes ont tendance à rester entre eux. Et puis je crois qu'à la fac ils ignoraient que nous étions amis. On se voyait surtout en dehors du cadre professionnel.

— Clémentine Godefroy ignorait-elle également votre amitié avec son mari ?

— Non. Elle savait, mais…

Tarate le sentit hésiter.

— … elle ne m'aimait pas trop. C'est normal qu'elle ne m'ait pas téléphoné. Et puis, avec François, on ne se voyait plus depuis quelques mois.

— Pourquoi ?

— Parce que…

Villefranche se tut un instant.

— Parce que depuis que sa femme était enceinte, François avait cessé de sortir, il s'était rangé, quoi. De sa vie d'avant, il n'avait gardé que le jogging.

— Et sa maîtresse ?

Villefranche se mit à bégayer.

— Cassandra ? Ils avaient rompu. Ils ne se voyaient plus, enfin, je crois. Cassandra était très libre de mœurs et ce n'était pas son amant exclusif. Moi aussi, j'ai eu des relations avec elle.

Au moins il ne lui cachait rien. Le capitaine mit fin à l'entretien en demandant les coordonnées de cette fameuse Cassandra. Villefranche les envoya quelques secondes plus tard par SMS. Le policier lui téléphona dans la foulée.

La fille en question ne décrocha pas. Un samedi soir, les jeunes ont d'autres choses à faire. Pour Tarate, c'était le contraire. Il rentra chez lui, solitaire et taciturne, comme toujours.

Il avait besoin de marcher. De toute façon, Toulouse était un village dont on traversait le centre en vingt minutes. Et puis, en laissant sa voiture au parking du commissariat, il n'aurait pas à chercher une place introuvable du côté de Saint-Cyprien où il habitait. L'un dans l'autre, ce serait plus rapide à pied. Il montait de cette chaude soirée le murmure bruissant des conversations et des rires qui s'échappaient des terrasses, donnant l'impression d'une ville en fête. La musique d'une guitare folk qui venait des quais l'accompagna un temps sur le Pont-Neuf avant que la clameur joyeuse des pique-niqueurs de la prairie des Filtres ne prenne le dessus. N'en déplaise à Nougaro, ce n'était pas l'Espagne qui poussait là un peu sa corne, mais la norme d'une ville universitaire drainant les étudiants de toute la région. Des dizaines de milliers de jeunes, cela faisait un paquet de gibier de bistros qui se répandait dans les rues du jeudi au samedi soir.

5

16 juin

Il dormit mal, cette nuit-là. Pas un soupçon d'air malgré les fenêtres ouvertes, et le collier de sueur autour du cou. Il se réveilla maussade, maudissant le dimanche qui lui rappelait à quel point sa vie était vide et bénissant l'enquête qui remplissait ses journées inutiles. Il se remit donc au travail.

Une bonne surprise l'attendait au commissariat : les relevés des sites de vente en ligne patientaient dans sa boîte e-mail. Il compara un à un les noms des quelques acheteurs d'un pistolet Star, calibre 7,65 avec ceux des enseignants du département d'histoire de l'université Jean-Jaurès ou des correspondants téléphoniques de la victime. Là encore il fit chou blanc. Rien. Aucune concordance. Il se dit que, décidément, il était maudit.

Peu avant midi, il reçut enfin le coup de fil qu'il attendait. Après une soirée arrosée et une nuit à danser au Caribeño, la boîte salsa des allées Jules-Guesde, Cassandra Rodriguez venait juste d'écouter ses messages et de tomber sur celui du policier qui lui demandait de le rappeler au plus tôt. Pascal Tarate ne souhaitait pas parler au téléphone et préférait la rencontrer. En réalité, il n'avait plus aucune piste et ne savait dans quelle direction porter son regard. Cette histoire de libertinage, la face cachée du trop lisse Godefroy, pouvait déboucher sur quelque chose. Une histoire de femmes ? de chantage ? de jalousie ? Et comme le propre d'un policier de la Crim' est de soupçonner tout le monde, il se demanda un instant si la veuve Clémentine, blessée par la relation adultère de son mari, ne l'aurait pas tout simplement occis en jouant ensuite le numéro de la pleureuse inconsolable. Il soupira. C'était peu probable. À l'heure du crime, dans la soirée du 12 juin, les relevés du téléphone fixe attestaient une conversation de 13 minutes 43 secondes avec sa sœur. Puis, elle avait véritablement harcelé son mari de messages de plus en plus inquiets, toujours avec le fixe qui témoignait donc de sa présence au domicile conjugal.

Avec Cassandra, ils s'étaient donné rendez-vous à la terrasse d'un bar de la place Wilson.

Il faisait beau et le capitaine avait voulu lui épargner le caractère formel d'un entretien au commissariat tout comme il avait repoussé la perspective de se rendre à son domicile, intimidé qu'il était par les femmes, surtout depuis que la sienne l'avait quitté. Il n'eut pas de mal à la reconnaître. Perchée sur ses talons, sculptée dans sa robe décolletée rouge qui oscillait à chacun de ses pas, elle s'avançait le port altier, les lèvres tellement écarlates qu'elles tranchaient outrageusement avec son teint diaphane et la blondeur de ses cheveux. Enfin, de grosses lunettes noires lui donnaient l'air d'une vedette incognito. Les hommes tournaient la tête sur son passage ou la suivaient du coin de l'œil. Elle était bien conforme à la description que le videur du « Lib » lui avait faite. Tarate se leva et lui fit un signe de la main. Ils se saluèrent, commandèrent tous deux un café.

— Je ne vous voyais pas comme cela, dit-elle.

Le policier ne sut si cette remarque était flatteuse ou au contraire dépréciative. Il préféra ne pas demander pourquoi. Elle sortit aussitôt un paquet de cigarettes de son sac et lui en proposa une. Tarate avait son propre paquet dans sa poche mais il accepta pour créer un lien. Et ce fut elle qui mena le jeu :

— Alors ? Qu'est-ce qu'il y a de si urgent ? Pourquoi vouliez-vous me voir ?

— Connaissez-vous François Godefroy ?

— Oui. On ne se voit plus. Il était sympa, drôle… Pas le meilleur coup du siècle, mais on rigolait bien.

— Depuis quand sortiez-vous avec lui ?

— … On a commencé à… en septembre de l'année dernière. Depuis un ou deux ans, il fréquentait le salon de coiffure où je travaille, je m'occupais de lui, on discutait, il me laissait un bon pourboire et un jour il m'a proposé de prendre un verre après la fermeture… Mais pourquoi vous me demandez ça ?

Le policier fit mine de ne rien entendre et poursuivit tout en griffonnant sur son carnet.

— Vous vous retrouviez où ? Chez vous ? Au « Lib » ?

— Les deux. On a fréquenté un autre club aussi. On aimait bien pimenter la chose. Des fois, on le faisait à trois ou quatre. Moi, je kiffe quand il y a de l'action…

Elle sourit, guettant une réaction sur le visage du policier. Elle mesurait depuis longtemps l'effet qu'elle faisait sur les hommes et elle en jouait. Mais Tarate ne cilla pas.

— Avec Nicolas Villefranche ?

— Oui. Mais pas seulement. Celui-là, il était à voile et à vapeur, si vous voyez ce que je veux dire, et moi j'aime pas trop que les mecs s'occupent entre eux, je préfère qu'ils s'occupent de moi.

Elle releva ses lunettes noires avec un sourire provocateur et demanda au policier s'il était choqué. Tarate répondit qu'il en avait vu d'autres. En l'occurrence, il voyait qu'elle l'aguichait et bien que son ventre se nouât et que son rythme cardiaque s'accélérât, il savait parfaitement jouer le rôle du glaçon qui n'en a rien à foutre. Il reprit sur un ton neutre et distancié.

— Vous voulez dire que Villefranche et Godefroy… ?

— Oui. Ils étaient bi. Villefranche, il allait même le soir sur l'île du Ramier, vous savez… Là-bas, les gays, ils viennent en voiture et… Vous allez me dire maintenant pourquoi vous me posez toutes ces questions ? C'est à cause de la femme à Godefroy, c'est ça ? Il s'est passé quelque chose avec sa chieuse ?

— Sa chieuse ? Vous la connaissez visiblement mais elle, était-elle au courant de votre liaison avec son mari ?

— Bien sûr ! À un moment, elle m'a harcelée, j'étais à deux doigts d'aller chez les flics d'ailleurs.

— Comment cela ?

— Au départ, elle m'insultait au téléphone. Alors je l'ai bloquée. Mais après elle est venue m'attendre devant chez moi, et même qu'elle montait dans l'immeuble foutre le bordel devant ma porte. Une fois, elle m'a menacée de mort.

— Ça ne vous faisait pas peur ?

— Ça m'emmerdait par rapport aux voisins mais sinon je m'en foutais, c'était une pauvre fille qui s'accrochait à son mec. Elle était conne, quand même ! J'aurais été à sa place, son mec, je l'aurais largué. C'est ce qu'elle avait de mieux à faire. Pathétique !

— Et comment s'est terminée votre histoire avec Godefroy ?

— Bah, j'en avais fait le tour. J'avais d'autres copains aussi, et eux, ils n'étaient ni mariés ni pédés. Quand sa femme est tombée enceinte, il a préféré qu'on arrête. Elle a dû lui mettre le couteau sous la gorge ! Mais de toute façon, c'est moi qui allais le plaquer. C'était fini entre nous… Et puis, on n'était pas du même milieu. Je voyais bien que ce n'était pas ma conversation qui le motivait chez moi… Bon… Vous allez me dire maintenant pourquoi ça vous intéresse mes histoires de cul avec Godefroy ?

— Ses obsèques ont lieu demain à 9 heures.

La jolie blonde pâlit. Elle avala d'un trait ce qui lui restait de café pour garder une contenance et demanda comment il avait trouvé la mort. Quand le capitaine lui apprit qu'il s'agissait d'un crime, elle accusa le coup. Sa voix avait perdu toute sa légèreté.

— Et sa femme ?

— Quoi sa femme ?

— C'était une folle, une hystérique, ça ne m'étonnerait pas que…

— Pourtant, vous venez de le dire vous-même, Godefroy avait arrêté de vous voir.

— J'en sais rien, y a peut-être une autre histoire… Il voulait la quitter et elle ne supportait pas cette idée. C'est vous le flic, merde !

Malgré la chaleur, Tarate fut secoué par un frisson. N'était-il pas vrai que la victime avait suivi le meurtrier sans contrainte dans le fossé en contrebas du canal ? N'était-il pas vrai que seul l'ADN de sa femme avait été relevé sur le corps de François Godefroy ? Techniquement, il y avait un problème. Il faudrait chronométrer le temps entre le départ de François pour son jogging et le coup de fil de Clémentine à sa sœur. Mais comment aurait-elle pu se déplacer aussi rapidement à une heure de forte circulation ? Avec une moto, un scooter ? À moins d'un comparse, il était dubitatif. Tout en laissant le montant de l'addition sur la table, il interrogea l'air de rien la jeune femme sur son emploi du temps le mercredi 12 juin entre 18 et 19 heures. Elle était au salon comme tous les jours de la semaine. Il vérifierait, mais d'ores et déjà il plaçait Clémentine Godefroy dans sa ligne de mire. « Cherchez la femme », répétaient les professeurs à l'école de police. Tarate prenait cela pour une réflexion misogyne complètement dépassée. Cherchez la femme ! Après tout, ce n'était pas si idiot.

6

17 juin

Le jour des obsèques n'est pas le plus approprié pour venir poser des questions. Par décence, sans doute aurait-il fallu attendre le lendemain. Mais Tarate n'en pouvait plus. Il irait à la cérémonie. Et s'il avait l'occasion d'échanger quelques minutes seul à seul avec Clémentine Godefroy, il ne s'en priverait pas. Quand on a un crime sur les bras, on peut bien envoyer au diable les convenances. Tant pis pour la famille si elle ne le comprenait pas.

La crémation était prévue à 9 heures. Il y avait encore des bouchons à cette heure-là sur le boulevard qui menait au cimetière Terre-Cabade. Aussi, il fallait se hâter de récupérer la voiture garée en sous-sol du commissariat. Pour ne pas être en retard, le capitaine avait pris le métro, une fois n'est pas coutume, mais parvenu en haut des marches il vit au loin ses trois collègues, les « trois salopards » comme il les appelait désormais. Ils attendaient devant l'hôtel de police. Ils regardaient dans sa direction, goguenards, le sourire aux lèvres. Une décharge d'adrénaline secoua le corps de Pascal Tarate avec la certitude que c'était lui qu'ils attendaient. Sur les trois salopards, il y en avait un pour lequel il avait de l'affection. Encore fallait-il conjuguer les sentiments au passé. Quand il était arrivé à Toulouse, sans rien connaître de la ville, c'est Kévin qui l'avait pris sous son aile et briefé sur la géographie de la délinquance, des supermarchés de la drogue du quartier des Izards et de la Reynerie, où l'on se procurait à peu près tout ce qu'on voulait, cannabis, cocaïne, ecstasy, jusqu'à la moon rock vendue du côté du Mirail, une sorte d'herbe puissance 10, en passant par les petits points de vente du centre-ville, du genre le quartier Arnaud-Bernard. De dix ans son cadet, il lui avait appris tout ce qu'il savait, et le soir, il l'emmenait faire la tournée des bars et des boîtes où il était connu comme le loup blanc. Des petites frappes venaient même le saluer comme un caïd. Elles payaient leur coup, ça les faisait marrer, et lui aussi, Kévin avait l'air de s'en amuser ! Et avec cela une faconde, une facilité dans les rapports humains, le bon copain quoi. En opération, c'était autre chose, il se transformait en tigre, pas toujours à cheval sur le règlement, que ce soit le code de la route ou celui de la déontologie. On ne se méfie jamais assez. Les diables ont souvent des visages d'ange. Pour Kévin, Tarate était un traître, un putain d'officier de bureau, le cul sur sa chaise, étouffé par la procédure. Un gars qui te la faisait à l'envers, comme il disait. Mais pour Tarate, Kévin était un cow-boy à la morale élastique dont le comportement se confondait avec celui des racailles qu'il exécrait. Et la police n'était pas une bande rivale de celle des malfrats. Si elle sortait des clous, alors que valait la loi qu'elle était censée garantir ? Les deux autres brigadiers, il n'avait que mépris pour eux, ils étaient bas du front, racistes, lourdingues, inintéressants. Il regrettait seulement Kévin, sa flamboyance, son humour loustic et sa façon d'entrer sur le dance floor en dodelinant de la tête, avec l'air de régner sur le monde. Il était tout ce que Tarate aurait voulu être.

« Alors, tu as passé un bon week-end ? » « Et l'enquête ? Elle progresse ? » Ils l'interpellaient avec un ton ironique qui ne lui plaisait pas du tout. Il passa devant eux sans un mot, sans un regard, comme s'ils n'existaient pas, et entendit leurs rires étouffés derrière lui. Quand il parvint devant sa voiture, il comprit leur petit manège. Le pneu avant gauche était à plat et il y avait fort à parier que ce n'était pas un accident.

Déboulant dans le bureau de Quincampoix, Tarate fit un effort pour conserver son calme, ce flegme qui faisait sa signature et qui agaçait tant ceux qui cherchaient à le pousser à l'impair. Le commissaire n'était pas de bonne humeur. Son agrafeuse était tombée en rade. Tarate lui dit simplement qu'il empruntait une voiture puisque la sienne avait un problème. Il espérait seulement que cela ne se reproduirait pas afin de ne pas avoir à déposer plainte contre ses collègues. Quincampoix vit rouge. Il n'était pas au courant, bien sûr, et s'il désapprouvait les têtes pleines d'eau qui provoquaient le capitaine, il imputait à ce dernier l'ambiance détestable qui régnait au commissariat. Et dans cette affaire dérisoire de pneu crevé, c'était parole contre parole. Le commissaire redescendit aussi vite qu'il était monté dans l'énervement et changea immédiatement de conversation. Où en était-on dans la mort de Godefroy ? C'était quand même autre chose qu'un pneu crevé, et ce serait pas mal d'avoir quelque chose à se mettre sous la dent. Il demandait des résultats, sans quoi… C'était la première fois que la menace du couperet était évoquée sans être totalement formalisée. Tarate fit son rapport en deux mots sur les derniers éléments à sa disposition. Godefroy avait une maîtresse et l'épouse n'était pas très claire. Il allait d'ailleurs la voir, et il y serait déjà si on ne lui avait pas crevé un pneu. Sans un mot, se replongeant dans ses papiers, Quincampoix fit un geste de la main pour signifier à son subordonné de débarrasser le plancher.

En se garant devant le cimetière avec une voiture aux couleurs de la police, le capitaine se sentit mal. Lui qui voulait passer inaperçu, il était bien loti. Les Français gavés de films américains trouveraient peut-être normal que des policiers assistent aux funérailles. Il y avait eu assassinat, après tout. Dans toutes les fictions d'outre-Atlantique, on voyait des inspecteurs cachés derrière des tombes, occupés à scruter l'assistance. C'était ridicule. Évidemment, avec cette histoire de crevaison, Tarate avait raté la cérémonie, ce qui n'était pas plus mal au fond. La famille et les amis devisaient devant le crématorium, attendant qu'on leur remette les cendres du défunt ; les collègues de l'université prenaient la tangente et sursautaient en croisant le capitaine qu'ils gratifiaient au mieux d'un léger signe de la tête. Il vit même une jeune femme en petite robe noire sur un scooter rose dont l'allure ressemblait à celle de Cassandra. Quant à l'épouse, il la reconnut de loin, grâce à son ventre qui commençait à s'arrondir. Gêné, il n'osait s'approcher, mais lorsqu'elle l'aperçut, c'est elle qui vint à sa rencontre. Il craignait des reproches sur le ton du « que faites-vous ici ? Vous n'avez rien de mieux à faire ? ». Tout au contraire, la jeune femme était avide de nouvelles. Elle voulait savoir si l'enquête avançait et dans quelle direction. Sans lui répondre formellement, Tarate laissa entendre que ce n'était pas si simple, que plusieurs pistes étaient suivies – ce qui n'était pas tout à fait vrai –, que certaines étaient déjà écartées – ce qui n'était pas tout à fait faux. Parler pour ne rien dire. Un vrai travail de policier. Il se lança finalement :

— Je suis venu parce que j'ai quelques éclaircissements à vous demander. Bien entendu, je comprendrais si vous préférez que je passe vous voir plus tard. Le moment est mal choisi, mais cela ne prendra pas beaucoup de temps.

Derrière la politesse de la formule et le choix apparent laissé à l'épouse, cela signifiait qu'il avait des questions sensibles à lui poser et qu'il aimerait bien avoir les réponses tout de suite.

Clémentine Godefroy ne fit aucune résistance. Et elle ne fut pas désarçonnée quand Tarate lui demanda si elle connaissait une certaine Cassandra.

— Vous savez qu'elle est venue ici, cette salope ? répondit l'épouse. Elle s'est mise dans un coin et elle est partie la première, mais je l'ai vue. Elle est venue. Quel culot, celle-là !

Puis, baissant les yeux, elle reprit, radoucie :

— Remarquez, elle a eu des sentiments pour lui… C'est normal d'une certaine façon…

— Il paraît que vous l'avez harcelée ?

— Harcelée ! ? C'est un grand mot… Moi, je dirais plutôt que je me suis battue pour garder mon mari, ce n'est pas la même chose. Chacun voit midi à sa porte. Mais j'ai eu raison, parce que j'ai gagné, cette histoire était derrière nous. Notre couple en est sorti plus fort, je crois.

— Vous n'en vouliez pas à votre mari ?

— Bien sûr que si, mais je voulais encore plus qu'il me revienne totalement.

— Et depuis vous n'aviez rien eu à lui reprocher ? Vous lui aviez redonné toute votre confiance ?

— Oui…

Tout d'un coup, elle fondit en larmes.

— Non… En fait, j'étais jalouse, je surveillais tout, ses heures de cours, ses achats, je regardais ses

SMS quand il prenait sa douche… Je n'ai jamais réussi à oublier son infidélité… Mais je l'aimais, vous comprenez ?

Tarate fut surpris. La jeune femme lui parlait avec une telle sincérité qu'il en fut ému.

— Je pensais que tout cela était derrière nous… mais mercredi quand il n'est pas revenu du jogging… Vous savez ce que j'ai tout de suite imaginé ?

Le policier dodelina de la tête, pour montrer son empathie et l'inciter à aller plus loin. Elle reprit en pleurant de plus belle, se cachant le visage avec les mains.

— J'ai pensé qu'il était avec elle, qu'il m'avait menti, qu'il ne reviendrait pas ! Alors…

Elle renifla, s'essuya les yeux avec son mouchoir.

— Alors je suis allée chez elle…

— Vers quelle heure ?

— Autour de 21 h 30. Je ne tenais plus en place, vous comprenez ? Il fallait que je sache. J'ai pris la voiture, je me suis rendue au pied de l'immeuble de cette fille, mais une fois arrivée, je me suis dit que c'était ridicule, que j'étais folle, et je suis revenue à la maison. Maintenant, je m'en veux tellement d'avoir douté de lui. Il était mort, on l'avait tué et moi j'étais obnubilée par son infidélité. Je m'en veux, si vous saviez…

Pascal Tarate pinça les lèvres. Il serra maladroitement la main de l'épouse et ne sut formuler qu'un dérisoire « ça va aller » pour rompre l'entretien. Mais pour lui, plus rien n'allait. Les doutes qui l'avaient conduit au cimetière Terre-Cabade étaient balayés par cette confession spontanée. Il en avait vu des menteurs et des menteuses dans sa carrière, mais un tel numéro d'acteur était impossible. Elle lui confiait sa honte, la jalousie qui la rongeait, la culpabilité d'avoir douté. C'était bien triste pour elle, mais en attendant Tarate n'était pas plus avancé. Qui donc avait tué l'enseignant, et pourquoi ?

De sa voiture, il réclama un relevé de bornage du portable de Clémentine Godefroy, pour vérifier ses dires. Faire preuve de sincérité est une chose, avoir des preuves en est une autre. Il passerait également en revue tout à l'heure l'historique des recherches de François Godefroy sur internet, mais il n'y croyait guère. Il était dans le flou, il lançait sa canne à pêche dans toutes les directions. Il était encore au téléphone lorsqu'on frappa à la fenêtre du véhicule.

Nicolas Villefranche était venu de Paris pour assister aux obsèques de son ami. En sortant du cimetière, il avait vu la voiture de police et s'était dirigé droit sur elle.

— Inspecteur Tarate ?

Encore un qui regardait trop la télévision.

— Capitaine, rectifia le policier en abaissant la vitre.

Le jeune homme se présenta et dit qu'un souvenir lui était revenu depuis leur conversation téléphonique, deux jours plus tôt. On ne sait jamais, cela pouvait aider l'enquête. D'un geste désabusé de la tête, Tarate l'invita à prendre place dans la voiture.

— Voilà, vous pensez bien que la nouvelle du meurtre m'a remué depuis votre coup de fil. Je me suis demandé qui avait bien pu faire un truc pareil.

— On se le demande tous, le coupa Tarate, sarcastique.

Villefranche fit comme s'il n'avait pas compris l'ironie.

— Oui, évidemment. Je n'en sais rien mais…

— Mais ?

— Je voudrais attirer votre attention sur quelqu'un d'un peu suspect, à mon avis. Sans l'accuser, bien sûr.

— Bien sûr. De qui s'agit-il ?

— André Limon.

Le policier soupira. Villefranche avait un train de retard. Cette piste-là n'était pas la bonne. Il laissa toutefois son interlocuteur développer ses arguments.

— Ce gars-là ne s'entendait pas du tout avec François et il avait tout intérêt à sa disparition puisqu'il récupérait son poste.

Tarate ferma les yeux et dodelina de la tête. Villefranche comprit qu'il était déjà au fait et qu'il ne lui apprenait rien. Il eut un instant envie de renoncer, de s'en aller, mais au terme de son hésitation, il se cala dans le fauteuil, regarda droit devant lui, et reprit sur un tout autre ton, comme s'il se parlait à lui-même.

— Limon, c'est un caractériel, sans humour, un poisson froid. Un petit peu comme Peyriac, mais d'un bord intellectuel opposé.

— Opposé à quoi ?

Villefranche ne répondit même pas et continua ce qui ressemblait à une confession.

— Quand sa thèse sur la résistance à la guerre de 1914-1918 est sortie en librairie, l'année dernière, je lui ai fait un mauvais compte rendu dans les *Annales*. Quand je dis mauvais, je veux dire quelque chose de bien pourri, une exécution en bonne et due forme. Et pourtant, son livre était bon.

Tarate rouvrit les yeux et sursauta.

— Pourquoi en avoir dit du mal, alors ?

— Je voulais faire place nette pour François qui avait soutenu une thèse sur un sujet connexe, la désertion, mais avec des conclusions diamétralement opposées. Il n'y avait rien de personnel. Toujours est-il que cet idiot de Limon l'avait mal pris. Et un jour que je sortais de chez moi… j'habitais du côté du Busca à l'époque… c'était un matin, je traversais le jardin des Plantes pour rejoindre la station de métro et aller donner mes cours à la fac… Et là, je vois Limon qui vient droit sur moi. Il n'était pas là par hasard, ce n'était pas son quartier, il devait me guetter. Il avait l'air nerveux, il était rouge, plus que cela, cramoisi, il bredouillait tellement il était nerveux, il disait qu'il voulait discuter, que le compte rendu était malhonnête, que ce n'était pas juste, qu'il fallait s'expliquer. Je lui ai dit qu'il n'avait rien compris et je suis parti.

Villefranche commença à s'animer.

— C'est vrai, quoi ! Qu'est-ce que c'est qu'une recension ? Ça sert d'abord à dire du bien des amis qui nous le rendront, et du mal de nos adversaires qui nous le rendront aussi. C'est de la stratégie, il ne faut pas y placer plus d'ego que nécessaire. Il n'y a que les innocents ou les stupides pour croire en la sincérité scientifique d'un compte rendu universitaire.

— C'est cela le souvenir important que vous vouliez me confier ?

— Attendez ! Ce cinglé de Limon m'a suivi dans le jardin et, franchement, il était plus qu'étrange, je ne savais pas de quoi il était capable. Il avait son cartable à la main et il y avait une poignée qui dépassait. Je ne l'avais pas vue jusque-là et en me retournant je l'ai repérée au moment où il mettait la main dessus et commençait à la sortir du sac. C'était une baïonnette. J'en suis certain à cent pour cent. Mais à ce moment, un couple est arrivé et c'est peut-être cela qui l'a retenu. J'ai eu tellement peur que j'ai presque couru jusqu'à la rue Duménil où il y avait du monde sur les trottoirs. De loin, j'ai vu Limon qui continuait à marcher vers moi, la main toujours serrée sur la poignée de la baïonnette qui dépassait de son cartable. Je ne sais pas s'il voulait juste me faire peur ou bien… Ce type est un cinglé, je vous dis.

7

Longtemps André Limon s'était couché de bonne heure. En revanche, il se levait tôt. Il aimait à se mettre au travail à l'aube, dans le silence de la ville endormie. Mais depuis plusieurs jours, il était complètement détraqué. Cauchemars, insomnies, épuisement et longues siestes incongrues, parfois à 11 ou 19 heures, qui lui laissaient un mal de crâne carabiné. Il ne sortait plus de chez lui. Quelque chose ne tournait pas rond. Il avait même convoqué le serrurier pour ajouter deux verrous à sa porte d'entrée. Le week-end, il s'était barricadé et n'avait pas ouvert les lourds volets de fer qui faisaient un vacarme infernal en coulissant. Depuis cinq ans qu'il habitait Toulouse, il se promettait tous les jours d'huiler les gonds pour en finir avec ce bruit strident, et tous les jours il oubliait de le faire. Désormais il vivait cloîtré, sous la seule lumière artificielle. Il n'arrivait plus à lire et il décrochait même devant la télévision, consultant frénétiquement son portable, sursautant à chaque appel, qu'il ne prenait plus, ou à chaque réception de SMS. Il passait son temps devant la fenêtre, à regarder l'animation de la rue des Filatiers par une fente du volet.

Le lundi 17 juin, Limon se décida à sortir. Il le fallait bien. Les provisions s'amenuisaient, mais surtout, il devait obligatoirement passer à la fac pour y signer en personne le procès-verbal d'acceptation du poste de maître de conférences. C'était aujourd'hui la date limite. L'ironie voulait que ce lundi soit aussi le jour des obsèques de ce connard de Godefroy. À la perspective de descendre dans la rue, Limon se mettait à suer à grosses gouttes. Alors il échafaudait des plans. Un déguisement ? C'était grotesque. Prendre un chemin détourné ? Éviter les stations de métro les plus proches, Les Carmes et Esquirol, en empruntant les petites rues du quartier pour gagner une station plus lointaine où on ne l'attendrait pas ? Il se dit que le plus simple était encore d'y aller avec sa voiture, stationnée dans le parking aérien des Carmes : il ne croiserait personne, et une fois l'acceptation du poste officiellement signée et tamponnée, il prendrait la tangente. Sans avertir qui que ce soit, ni famille ni amis – il n'avait pas vraiment d'amis de toute manière. Il filerait sur la Costa Brava pour un long séjour où personne ne viendrait le chercher. Il pourrait même en toute quiétude y écrire deux ou trois articles. Tant pis si sa paie passait dans les frais d'hôtel : il devait s'enfuir au plus vite.

Limon rassembla donc quelques affaires dans une valise, plaça son précieux ordinateur portable dans son cartable et sortit en trombe dans la rue. Le parking était à 100 mètres à peine. La peur s'atténua quelque peu au milieu des passants. Comme toujours dans cette rue qui prolongeait le *cardo maximus* de la ville antique, il y avait foule. Il fut un instant presque convaincu qu'il déraisonnait, qu'il n'avait pas à paniquer, mais c'était surtout sa résolution de s'enfuir qui le rassurait et lui redonnait confiance. Dans une heure tout au plus, il serait hors de danger. Après le Mirail, ce serait l'autoroute en direction de Carcassonne, Narbonne, Perpignan. Et enfin l'Espagne, le refuge, l'asile, la tranquillité. Il s'enferma dans sa voiture et sortit du parking sans problème. Il n'était pas suivi. S'était-il donc fait des idées ? Une fois sur la rocade, il se détendit et se prit même à chanter, en chœur avec Joe Dassin diffusé par Radio Nostalgie. Tous les ennuis seraient bientôt derrière lui. C'était l'affaire de quinze à vingt minutes.

Limon sortit son badge pour entrer dans le parking réservé aux administratifs et aux enseignants. Ce n'était pas vraiment un parking souterrain, mais comme un bâtiment avait été construit au-dessus, on ressentait à peu près la même impression d'enfermement et d'obscurité. Il se gara au plus près de l'escalier menant au service du personnel. Une vingtaine de marches pour sortir du parking, cinquante mètres à parcourir jusqu'au bâtiment, ce n'était pas la mer à boire. La fac était presque vide, silencieuse comme jamais. Il salua les secrétaires qui bavassaient autour d'un café, présenta sa carte d'identité, signa en trois exemplaires un papier qui fut dûment tamponné devant lui et dont il put conserver un spécimen, puis s'en alla aussi vite qu'il était venu, en sifflotant. Ça y est ! Il était officiellement maître de conférences à la place de ce connard de Godefroy.

En bas des marches, à quelques mètres seulement de sa voiture, alors qu'il s'apprêtait à entrer dans la demi-obscurité du parking, son téléphone retentit. Il cessa aussitôt de siffloter et sortit d'une main tremblante son portable pour voir l'identité de l'individu qui cherchait à le joindre. Il refusa immédiatement l'appel en jurant. En entrant dans le parking, passant du soleil à la pénombre, il ne vit pas la silhouette qui se tenait droit devant lui.

— Alors, tu ne réponds plus au téléphone ?

Il redressa la tête, le visage crispé, la mâchoire lui tomba.

Il y eut un grand bruit. Quelques étudiants, allongés sur les pelouses en attendant leurs oraux ou bien se dirigeant vers la bibliothèque, en témoignèrent plus tard. « Comme une explosion », dirent-ils. Personne n'y prêta plus d'attention que cela, puisque le calme revint aussitôt.

8

— Alors ?

Tarate tirait sur sa cigarette d'un air blasé. Il ne se tourna même pas vers son supérieur pour lui répondre.

— C'est André Limon.

— Le même mode opératoire ?

— On dirait. Une balle en plein front, à bout portant. Je parie que l'arme du crime est un Star, calibre 7,65.

Quincampoix et Tarate firent silence. Ils regardaient la police scientifique s'affairer autour du corps et de la voiture.

— Au moins, on peut le rayer de la liste des suspects pour le meurtre de Godefroy, reprit le commissaire sans que l'on sache s'il voulait faire ou non un trait d'humour.

— Il avait un alibi en béton, de toute façon, rappela Tarate. Le genre d'alibi sur mesure, tellement propre qu'il en est suspect, si vous voyez ce que je veux dire. Vous l'auriez vu pendant son interrogatoire, il n'était pas tranquille ce gars-là. Il savait quelque chose en tout cas... La preuve !

Quincampoix s'en alla, avec cette sentence sans appel :

— N'empêche... Tu as déconné.

Le capitaine écrasa sa cigarette en secouant la tête. Il aurait bien voulu le voir au travail, lui. C'était un sac de nœuds, cette histoire. Il était allé d'impasses en culs-de-sac. En revanche, l'enquête serait certainement plus facile maintenant qu'il y avait deux victimes car un lien unissait fatalement Limon et Godefroy avec le criminel. Il en avait de la chance, celui-là. Le canal du Midi en début de soirée, l'université en fin de matinée, ce n'étaient pas les endroits les plus déserts, mais à chaque fois il s'était débrouillé pour zigouiller sans aucun témoin. Et avec une arme des plus bruyantes qui plus est.

Il y avait des caméras à l'entrée du campus, d'autres dans la station de métro à deux cents mètres, mais aucune en direction du parking. Il suffisait de s'en aller par la route pour passer inaperçu. Les bandes vidéo seraient cependant saisies et scrutées avec attention, mais quand on ne sait pas ce que l'on cherche, on peut rater un hippopotame dans un couloir. Si encore le meurtre avait eu lieu entre 9 et 10 heures, tous les participants à la cérémonie de la crémation de François Godefroy auraient pu être placés hors de cause, mais à midi, ils avaient tous eu le temps de se retrouver ici. Une seconde, le policier imagina un crime collectif, façon Orient-Express. Le département d'histoire tout entier participant à la mise à mort. Cela le fit sourire.

La seule chose dont on pouvait être sûr, c'était de l'heure du crime. La victime avait dans la poche de sa chemisette le procès-verbal par lequel elle était recrutée en tant que maître de conférences, dûment signé, paraphé et tamponné. Les secrétaires de la direction du personnel affirmèrent qu'il était midi moins le quart quand le jeune homme était entré dans leur bureau. Enfin, sur son portable, André Limon avait reçu un appel à 11 h 48, qu'il avait rejeté. Comme le corps avait été découvert juste après midi par un enseignant de sociologie qui rentrait chez lui, on pouvait établir avec certitude que la mort avait eu lieu entre 11 h 48 et 12 h 03, heure à laquelle l'enseignant avait appelé la police. C'était une information qui, au fond, ne conduisait pas très loin.

La piste de l'appel téléphonique était plus prometteuse. En consultant le portable de Limon, il vit que le correspondant n'était pas enregistré parmi les contacts et avait appelé une trentaine de fois en quelques jours. Un véritable harcèlement. André avait accepté la conversation à plusieurs reprises, des conversations de plus en plus courtes, suivies ensuite par un refus systématique de décrocher. Les appels n'avaient pourtant pas cessé du week-end. Il découvrit également une série de SMS issus de ce même numéro qui disaient juste : « Réponds ! », « Réponds ! », « Réponds ! » Le dernier, envoyé le dimanche en début d'après-midi était plus explicite : « Tant pis pour toi ! »

Tarate en concluait deux choses : que Limon n'était pas mort par hasard et qu'il connaissait son assassin, comme c'était probablement le cas de Godefroy. Ensuite, que le correspondant téléphonique et le tueur étaient à coup sûr une seule et même personne. Auquel cas, ce serait vite réglé. Il avait immédiatement averti le commissariat, requis une procédure en urgence sur un 06 dont il demandait l'identité du propriétaire. Priorité absolue. Limon devait avoir peur. Il y avait une valise dans le coffre de sa voiture, ce qui donnait l'impression qu'il s'enfuyait. Cette peur, le policier l'avait perçue dans le regard du jeune homme, mais il l'avait mise sur le compte du stress. Il se dit que Quincampoix avait peut-être raison. Il avait merdé. Au lieu de cuisiner le client, de ne pas le lâcher, il l'avait trop tôt rayé de la liste. Naturellement, ce n'était pas lui qui avait tué Godefroy puisqu'il était à Bordeaux au moment fatidique, mais il trempait jusqu'au cou dans cette histoire. Il l'avait vu si mal à l'aise lors de l'interrogatoire ! Oui, Tarate l'admettait, il s'était planté et on allait maintenant le lui faire payer. Il s'accrochait au mystérieux portable qui allait peut-être tout résoudre et lui sauver la mise. Mais au fond de lui, il n'y croyait pas vraiment. Quelqu'un qui ne laisse ni indice ni trace ADN, qui prépare parfaitement son coup pour tuer ses proies au bon endroit, au nez et à la barbe des promeneurs et des sportifs ou au beau milieu d'une université, n'est pas assez bête pour signer son crime. Même le pistolet Star était peut-être un pied de nez, une façon d'égarer l'enquête, de l'envoyer s'embourber dans la tranchée de 1914-1918.

Tarate n'eut pas longtemps à attendre. En quinze minutes à peine, on lui apprit que le numéro de téléphone en question émanait d'un appareil à carte. Aucun abonnement, aucune identité. On allait chercher à le localiser au moyen du bornage, mais Tarate savait que c'était inutile. Sa main à couper qu'à cette heure-ci, il gisait en morceaux dans une poubelle. Le capitaine lâcha un « Merde ! » puissant et sonore.

En quittant la scène du crime, il croisa une équipe de télévision de France 3 devant l'arche métallique qui marquait la porte d'entrée de l'université. Une journaliste, équipée d'un micro-cravate, était en train de répéter son intervention pour le JT du 19-20.

— Pour la deuxième fois en l'espace d'une semaine, l'université du Mirail est endeuillée. Pour la deuxième fois, un crime inexpliqué a frappé la faculté d'histoire... C'est bon pour le son ? Au fait, je dis seconde fois ou deuxième fois ?

— T'as qu'à dire deuxième, on ne sait jamais, il y en aura peut-être un troisième ! lui répondit le cameraman.

Le policier fut accablé. Si les médias s'en mêlaient, la pression n'en serait que plus grande. De toute façon, pour lui, c'était cuit. Au commissariat, Quincampoix lui expliqua que l'enquête changeait de braquet, qu'elle devait mobiliser des équipes entières, qu'il était trop « perso », trop secret, trop isolé, qu'il fallait jouer collectif. C'était un réquisitoire. Le même que celui qui serait débité devant les magistrats quand l'affaire de la bavure viendrait en justice. Le commissaire continuait maintenant en appliquant de la pommade sur les plaies : on n'avait rien à lui reprocher, c'était un bon flic, mais l'affaire était devenue trop grosse pour lui, on allait donc l'aider en le délestant ou plutôt en l'épaulant. Il ne fallait pas le voir comme une sanction, mais plutôt comme une chance. Et puis la police était là pour protéger les citoyens et trouver les criminels, pas pour flatter les ego des uns et des autres. L'important c'était le résultat et basta. Il s'agissait d'une question d'efficacité, c'est tout. Tarate n'essaya même pas d'argumenter. C'eût été s'humilier que de contester une décision qui était déjà prise et sur laquelle la hiérarchie ne reviendrait pas. Comme il se taisait, Quincampoix se crut obligé d'argumenter à nouveau.

— Tu comprends, le meurtre d'un universitaire c'est une affaire banale, la mauvaise rencontre au mauvais endroit. Mais deux, ce n'est plus la même chose. On change de catégorie ! Demain, on aura tous les journaux et toutes les télés sur le dos, tu peux me croire. Et en plus il faut que ce soit chez les intellos ! Ça va faire un de ces foins ! Des dealers qui se trucident, ça fait une ligne tout au plus dans la presse, mais là tu vas voir, ils en feront des tonnes…

Tarate voulait que les choses soient claires. Il restait sur l'affaire ou pas ? Quincampoix s'agaça, il croyait avoir été assez explicite. Alors il s'exprima lentement, comme s'il avait affaire à un débile ou à un étranger qui comprenait mal le français : il restait, bien entendu, mais il n'était plus qu'un enquêteur parmi d'autres, il ferait ce qu'on lui demanderait de faire et ne prendrait plus aucune initiative. Cette fois-ci, c'était clair.

9

La journée s'était écoulée comme dans un rêve, ou plutôt un cauchemar. Tarate avait la tête embrumée, se déplaçait à la façon d'un automate, comme s'il était sorti de son corps. Il avait l'impression qu'on le regardait, qu'on se moquait de lui sous cape. La paranoïa. Et puis aussi la honte. Il avait échoué, il se pensait marqué du sceau de l'infamie, publiquement pointé du doigt. On lui reprenait en effet sans ménagement le dossier qu'il n'avait pas été capable de mener à bien. Ils devaient bien rigoler, les trois salopards. Toute la journée passa dans la rédaction et la distribution à ses collègues affectés à l'enquête d'une synthèse détaillée de toutes les recherches effectuées jusqu'alors. Il y retraçait son cheminement intellectuel, ses questionnements et les pistes suivies, qui n'avaient pas mené bien loin. En gros, cela disait : voilà où l'on en est. À la toute fin du papier, il avait commencé par suggérer de nouvelles voies d'investigation puis s'était ravisé et avait effacé ce dernier paragraphe. S'en tenir aux faits. La responsabilité de l'enquête ne lui incombait plus, il était ravalé au rang de petite main, de petit soldat. Il ne devait plus penser mais exécuter.

Au moins, s'il ne dirigeait plus rien, il n'était pas complètement exclu et pouvait suivre l'avancée des travaux. Les commissions rogatoires partaient en flux tendu : relevés bancaires d'André Limon, examen de son ordinateur, conversations téléphoniques, perquisition, convocations au commissariat des historiens du Mirail. Et puisque le capitaine Tarate avait expliqué que la défection d'un recruté entraîne mécaniquement la qualification de celui qui avait été classé deuxième, une partie de l'équipe s'était mise à travailler sur l'identité du troisième dans l'ordre du choix de la commission. Après Godefroy et Limon, qui était donc l'heureux élu à ce poste maudit ? Le capitaine se dit qu'à sa place, avec ses deux devanciers passés de vie à trépas, il n'en mènerait pas large. Le troisième du classement était une femme, une Anglaise dont la thèse avait été soutenue en cotutelle, sous la direction commune de professeurs de l'université de Newcastle et de l'Institut d'études politiques de Toulouse. Son sujet, qu'on disait dans le vent, lui garantissait un recrutement à court terme. Il était intitulé : « Une répression racisée ? Les fusillés des troupes coloniales françaises ». Son éventuelle implication criminelle fut en tout cas écartée d'emblée. Non seulement elle était en Angleterre au moment des faits, mais elle avait depuis été recrutée à Chichester. Affaire réglée.

Le portable de Limon, lui, continuait de révéler des choses étranges. Il avait été en relation avec un autre téléphone à carte, au numéro évidemment inconnu, quelques jours seulement avant la réunion de la commission de recrutement. On avait enfin retrouvé à son domicile – ce crétin ne s'en était même pas débarrassé – un téléphone jetable à carte SIM prépayée. Le 1er juin, le jour même où la commission toulousaine procédait aux auditions des candidats et s'accordait sur l'élection de François Godefroy, Limon avait téléphoné avec cet appareil. L'appel avait été émis à 18 heures précises, ce qui ressemblait fort à un rendez-vous fixé à l'avance.

L'historique des recherches Internet d'André Limon, qu'il avait cru avoir effacé avec soin mais dont les spécialistes de l'informatique ressuscitèrent facilement la trace, était encore plus parlant : il s'était enquis de la meilleure façon de ne pas laisser de traces ADN sur un objet; enfin, il avait cherché où l'on pouvait trouver du GHB à Toulouse. Ce psychotrope liquide, inodore et incolore, avait le don de vous désinhiber à l'instar de l'ecstasy quand il était pris en petite quantité, mais avec une dose plus puissante il vous transformait rapidement en pantin sans réaction, d'où son usage criminel et son surnom de « drogue du viol ». André Limon ne savait visiblement pas où s'en procurer. On ne s'improvise pas délinquant du jour au lendemain. En multipliant les recherches sur les lieux de deal à Toulouse, il avait écarté le quartier sensible de la Reynerie pour se reporter sur la place Arnaud-Bernard, plus centrale et plus proche de chez lui. Tarate savait que c'était un des spots locaux de vente d'herbe et de shit, mais pour le GHB il n'en savait trop rien. Cependant, on arrivait à tout avec de l'argent : il y aurait toujours quelqu'un pour prendre la commande et fixer un prix.

En tout cas, la preuve était faite que Limon n'était pas un enfant de chœur. Mais ce n'est pas parce que l'enseignant avait songé à des manœuvres coupables qu'il était passé à l'acte pour autant. Il avait pu rêver de supprimer Godefroy, certes. Sauf que ce n'était pas lui qui l'avait tué. Une trentaine de personnes témoignaient de sa présence à Bordeaux le jour du meurtre, et il fallait bien en tenir compte. Son absence de Toulouse ce 12 juin au soir était un fait établi qu'on ne pouvait remettre en cause, à moins d'échafauder l'hypothèse absurde d'un frère jumeau, comme l'avait défendu un collègue sous le regard éberlué du capitaine. Il fallait s'y résoudre, Limon n'avait pas liquidé Godefroy. En revanche, il était bien tombé sous la balle d'un tueur, et toute la question était de découvrir les relations qui unissaient les deux victimes à leur assassin si, comme on pouvait le supposer, c'était bien le même homme qui les avait descendus. Godefroy et Limon se détestaient, il ne restait plus qu'à savoir qui détestait à la fois Godefroy et Limon au point de leur tirer à tous les deux une balle dans le crâne. Et pas n'importe quelle balle : un projectile qui avait vu la guerre de 14-18. Ce n'était pas seulement une affaire de poste, de vengeance, de grands ego et de petits moyens : il y avait quelque chose qui relevait du règlement de comptes interne au milieu des historiens de la Grande Guerre. Plus d'une fois, avec Peyriac comme avec les membres du groupe d'histoire de la guerre, Tarate avait senti des non-dits. Puisqu'il était sur la touche, Tarate eut cette idée un peu folle : lire les travaux des uns et des autres, replacer les deux victimes au cœur des enjeux de la discipline – il devait bien y en avoir –, pour mieux comprendre la position de chacun et, dès lors, identifier de quel côté pourraient venir les coups de feu. Quand il s'ouvrit de son projet à Quincampoix, celui-ci lui donna carte blanche, trop content de ne plus l'avoir dans les pattes. Établir une sorte de profilage intellectuel en s'immergeant dans les débats historiographiques ? Il disait que c'était intéressant, saluait l'excellente idée, encourageait cette bonne initiative, et il pensait *casse-toi*, *dégage*, *va te faire pendre ailleurs*. Tarate n'était pas dupe, mais il avait trouvé à la fois un moyen de s'extraire de la nasse et de reprendre l'enquête sur un plan qu'on ne lui contesterait pas, seul et en toute indépendance. Si jamais ses collègues pédalaient dans le cassoulet, comme on disait ici, il pourrait bien revenir en odeur de sainteté avec une piste inattendue. Quincampoix lui signa sur-le-champ un ordre de mission de deux semaines. Bon débarras.

10

La journée avait mal commencé mais ne s'était pas si mal terminée. Tarate avait perdu le contrôle de la barre mais il restait dans le navire, assez éloigné pour l'observer avec détachement. Il se sentait à la fois dedans et dehors, et pour tout dire, soulagé. Il fit son sac avec délectation, comme s'il partait en congé. Ne plus voir ces têtes de cons durant une semaine voire quinze jours, ce serait un peu des vacances. Le poids de la responsabilité, la pression des supérieurs, tout cela était derrière lui, et tout bien pesé, l'humiliation de se voir reprendre la baguette de chef d'orchestre s'effaçait devant le plaisir de se retrouver seul, sans compte à rendre. Surtout que Quincampoix avait raison : la pression médiatique faisait brutalement irruption et s'ajoutait à toutes les autres. Au 19-20 de France 3, il vit la journaliste croisée en début d'après-midi devant les portes de l'université.

« Pour la deuxième fois en l'espace d'une semaine, l'université du Mirail est endeuillée. Pour la deuxième fois, un crime inexpliqué a frappé la faculté d'histoire. Deux jeunes professeurs, qui venaient d'être recrutés, ont été tués dans des circonstances similaires avec, selon une source proche de l'enquête, une arme identique. Ici à l'université Jean-Jaurès, l'inquiétude grandit. » Suivaient quelques courtes interviews façon micro-trottoir où des étudiants se disaient préoccupés à l'idée qu'un tueur se balade dans les couloirs de la fac. Tarate se demandait combien d'étudiants les journalistes avaient dû arrêter pour en trouver d'aussi complaisants. Il devait y en avoir un bon paquet qui s'en foutaient pas mal puisque cela ne concernait que les professeurs, ou qui, par mauvais esprit, répondaient le contraire de ce que l'on attendait d'eux.

À l'heure de la grand-messe du journal de 20 heures, Tarate zappa sur TF1 pour voir si les chaînes nationales en parleraient autant que les actualités régionales. Il ne fut pas déçu. Dès le troisième titre, après l'annonce d'un plan Santé par le Premier ministre et de graves tensions dans le golfe d'Ormuz entre les marines américaine et iranienne, le présentateur passait à Toulouse où un fait divers semait un vent de panique à l'université du Mirail. Sur fond de plans du canal du Midi et du bâtiment d'histoire, le reportage revenait sur les assassinats de François Godefroy et d'André Limon avec un minimum de faits et beaucoup de points d'interrogation. La présidente de l'université, interviewée sur les pelouses du campus, se disait stupéfaite et indignée. « C'est toute la communauté enseignante de notre établissement qui est aujourd'hui durement frappée. Je veux dire ce soir, avec ma pensée pour les familles endeuillées, mon soutien le plus clair et le plus net au personnel de la faculté d'histoire, à nos collègues meurtris et éprouvés. Je veux dire aussi notre plus grande détermination à aider la police pour qu'elle fasse la lumière au plus vite sur ces assassinats inqualifiables. » Quelqu'un qui aurait rejoint le journal en cours de route aurait pu penser qu'un nouvel attentat terroriste venait d'être commis. Il ne manquait plus que les postures de matamore, les « nous ferons front » et autres « ils ne passeront pas ».

En tout état de cause, avec cette exposition médiatique, les enquêteurs n'allaient pas travailler dans la sérénité. Le capitaine voyait déjà la cascade de pressions descendre du ministère sur la Direction de la sécurité publique de la Haute-Garonne puis retomber sur la division criminelle et *in fine* sur Quincampoix. Il lui souhaitait bien du plaisir, à celui-là. Il savait qu'il se défendrait en rejetant le temps perdu sur lui, qu'il brandirait la faute d'un petit capitaine, une grenouille qui se croyait aussi grosse que le bœuf. Sauf que s'il n'avait pas de résultats dans les prochains jours, Quincampoix devrait lui aussi prendre sa part dans le fiasco. Sans savoir pourquoi, Tarate soupçonnait que ses collègues n'y arriveraient pas. Prétention de celui qui venait d'être rabaissé, espoir mesquin d'un frustré qui se réjouit de l'échec des autres ? Il y avait un peu de cela mais pas seulement. Le tueur avait un motif que les policiers ignoraient. Ils pouvaient passer les rares indices au peigne fin, ils ne trouveraient rien ou si peu parce qu'ils ne savaient pas où chercher. En faisant un pas de côté, Tarate espérait prendre de la hauteur et mieux cerner les motivations du criminel.

Le matin, en gagnant sa Clio ancien modèle, avec son sac sur le dos, le capitaine s'arrêta devant la maison de la presse au coin de la rue. *La Dépêche* affichait en gros titre « Peur sur l'université ». *Libération* y allait d'un article intitulé « Le tueur d'historiens » quand *Le Figaro* préférait la forme interrogative : « Toulouse. Qui a tué les deux professeurs ? » Le lendemain, *Le Canard enchaîné* se fendrait d'un billet intitulé ironiquement « Deux nouveaux morts de la guerre de 14-18 ». Bref, cela devenait une affaire nationale. Il faisait rudement bon d'aller prendre l'air ailleurs.

11

18 juin

Première étape, Limoges. Le professeur Ronchonnet, qui régnait localement sur l'histoire contemporaine, attendait le policier dans son bureau flambant neuf. Comme Peyriac, il avait le sourire rare : une sorte d'insatisfaction permanente l'empêchait de se réjouir. Il se considérait en effet comme le meilleur spécialiste de la Grande Guerre, mais enrageait de se savoir inconnu. Les autres ? Tous des tocards qui ne lui arrivaient pas à la cheville. Peyriac ? Un roitelet de province qui n'avait jamais rien produit d'important et qui se cantonnait au témoignage combattant. Le médiatique Sylvain Armengaud ? Un intellectuel complètement déconnecté du terrain, qui saturait les radios et les télés de ses théories à la noix. Lui, Geoffroy Ronchonnet, savait de quoi il parlait. Il avait enseigné à Saint-Cyr, à Polytechnique, à l'École militaire, alors la guerre il connaissait un peu. Il avait obtenu la Légion d'honneur pour services rendus sur le champ de bataille des sciences humaines, et il en était très fier. Comme un bonheur n'est jamais sans nuages, il enrageait de savoir que Sylvain Armengaud avait été décoré de la rosette dix ans avant lui. En somme, il n'était jamais content.

À le voir débiner tous ses collègues les uns après les autres, Tarate sut qu'il avait de nouveau affaire à un grand blessé de l'ego surdimensionné. À se demander si c'était la norme à l'université ou si cela ne concernait que le milieu de 14-18. Le premier contact du policier avec l'historiographie de la Grande Guerre se limita donc à des conseils de lecture des œuvres immortelles du professeur Ronchonnet, et à une mise en garde contre les travaux de tous les autres. André Limon ? Ses travaux n'étaient pas bons. Il s'était contenté de les survoler mais il connaissait bien sa directrice de thèse et en disait pis que pendre. Godefroy, c'était mieux, prometteur même. Certainement pas grâce au vieux Peyriac, son directeur, qui le conduisait dans l'erreur de l'antimilitarisme. Parce qu'il détestait tout le monde, on aurait pu le croire impartial, mais Tarate comprit assez vite qu'il n'y avait pas grand-chose à tirer d'un misanthrope intellectuel qui cherchait à rabaisser les autres pour tenter de s'élever un peu lui-même. Il était évident que le plus grand et le plus méconnu des spécialistes de la Première Guerre mondiale souffrait de n'avoir jamais franchi le plafond de verre médiatique tout comme il enrageait de terminer sa carrière en Haute-Vienne, c'est-à-dire à l'écart, pensait-il, des grands circuits du savoir. Il avait longtemps convoité une chaire à Paris, la Sorbonne le faisait fantasmer, ou encore une institution prestigieuse comme l'EHESS, où l'on est payé sans travailler, mais personne n'avait été assez intelligent pour évaluer correctement sa valeur, alors il se contenterait de son exil intérieur qu'il vivait comme un douloureux limogeage. Et pourtant, le dépliant de l'université locale, que le capitaine avait ramassé sur une table, vantait « une université au cœur de l'Europe », ouverte, dynamique, « foisonnant d'interactions », bénéficiant d'équipes proches et performantes avec des formations débouchant sur une « excellence scientifique » qui contribuait à « inventer le monde de demain ». Tarate reconnut là le langage fade et convenu des boîtes de communication qui facturaient cher au contribuable une logorrhée suspecte à force d'être bourrée de superlatifs.

La rencontre suivante eut lieu à la prestigieuse Sorbonne, en toute fin d'après-midi. Pascal Tarate y avait rendez-vous avec Paula Krief, que Ronchonnet, avec force dérision, avait surnommée la « papesse ». Peut-être l'aiderait-elle à y voir plus clair. Impressionné d'arpenter le Quartier latin et ses multiples librairies lentement transformées en magasins de vêtements, il passa devant le Champo, cinéma d'art et d'essai que François Truffaut avait érigé autrefois en quartier général. Avec un respect intimidé, il s'approcha de la vitre pour lire la programmation de la salle obscure : il ne connaissait aucun des films projetés cette semaine. Il en déduisit qu'il était bête et s'en alla un peu plus voûté que d'habitude. À quelques dizaines de mètres, de l'autre côté du trottoir, la statue de Montaigne, au pied de bronze lustré par tant de mains d'étudiants venus se concilier les mânes du philosophe avant les examens, indiquait la direction de la rue Victor-Cousin. Il touchait au but. Il sut tout de suite qu'il avait changé de standing. À la différence des universités de Toulouse ou de Limoges, où l'on pénétrait comme dans un moulin, il fallait ici montrer patte blanche. Des surveillants en uniforme contrôlaient chaque entrée et ne laissaient passer que les détenteurs d'une carte d'étudiant ou d'enseignant. Tarate vérifia une fois de plus qu'une carte de police marchait tout aussi bien. Parvenu dans la cour d'honneur, encadrée par les statues de Victor Hugo et de Louis Pasteur, il contempla le bâtiment comme un touriste émerveillé devant ce temple du savoir qui remontait au XIIIe siècle. En vérité, il n'y avait plus rien de cette époque, à la place on avait bâti du faux médiéval à la mode du XIXe siècle, sauce Viollet-le-Duc. Seul restait sur le sol de la cour pavée le tracé de l'antique chapelle du collège de Robert de Sorbon. Tout le reste était factice, à commencer par les fresques allégoriques de Puvis de Chavannes témoignant d'un Moyen Âge de pacotille réinventé à l'ère de l'électricité.

Le nom de l'université lui-même avait changé. Terminé Paris-IV, qui ne disait rien du tout à l'étranger et qui en plus se situait absurdement au quatrième rang. Place à Sorbonne-Université, sans plus aucun chiffre derrière. Un nom connu internationalement, destiné à attirer des étudiants du monde entier. En cherchant les bureaux des professeurs – ce n'était pas simple de se repérer ici –, le capitaine contempla des amphithéâtres magnifiques dont l'ergonomie aurait mérité d'être repensée. Avec leurs bancs en bois, et l'absence de tablettes qui obligeait à prendre des notes sur ses genoux, ces vestiges du passé ne se prêtaient guère au travail mais invitaient à la rêverie. En montant un escalier pour se rendre au premier étage, Tarate eut la sensation de passer derrière le décor. La peinture s'écaillait lamentablement et, à la suite d'un incendie, le couloir du premier étage était noirci sur une dizaine de mètres : derrière la façade dorée, on trouvait l'état de faillite de l'université française. Tout au fond du couloir, dans une coursive presque introuvable, il découvrit enfin les bureaux des professeurs. Ils étaient collectifs et l'on venait y bavarder entre collègues. Trois bureaux à se partager et des piles de livres qui s'entassaient au sol parce qu'il n'y avait plus de place sur les étagères remplies de mémoires et de thèses. Mais ce jour-là, Paula Krief était seule. Elle fumait sans discontinuer, la fenêtre ouverte derrière elle. Avant même de répondre au bonjour que lui lança le policier, la « papesse » l'apostropha :

— La fumée ne vous dérange pas, j'espère ?

Elle écrasa cependant sa cigarette, et aspergea la pièce d'un désodorisant immonde à la fraîcheur que la publicité promettait intense.

— C'est vrai que vous êtes policier… De toute façon, on n'a plus le droit de rien. J'ose à peine vous raconter comment cela se passait ici il y a trente ans.

Pascal Tarate voulut détendre l'atmosphère en précisant qu'il n'appartenait ni à la police de la santé publique, ni à celle des mœurs. La professeure se dérida un peu. Il venait pour les crimes de Toulouse, celui-là. Elle lui fit signe de s'asseoir en face d'elle. L'espace d'une seconde, ils se firent tous deux silencieux, chacun attendant que l'autre commence. En dévisageant l'enseignante, le policier se dit que le surnom de « papesse » était purement métaphorique, car avec sa tignasse en brosse et son sourire énigmatique, elle donnait plutôt l'impression d'une Carabosse prête à vous jeter un sort. C'est la sorcière qui rompit le silence.

— André Limon était mon élève. Je suis très triste pour lui.

Une banalité.

— Vous a-t-il parlé de sa situation à Toulouse, de ses amitiés, de ses inimitiés ?

— André… comment dire… c'était un jeune homme secret, vous savez. Il était peu expansif et pour tout dire je le connaissais assez peu. Il avait fait ses études à Lyon, puis il était venu me voir car il avait besoin d'une directrice solide, compétente, réputée, et assez influente pour lui trouver un poste après la soutenance de sa thèse. Je lui ai donné un sujet en or, sur les résistances à la guerre, afin qu'il torde le cou à toutes les idées préconçues que des idiots comme Peyriac véhiculent encore aujourd'hui. Il fallait montrer que ces résistances ont été limitées, marginales, qu'elles n'ont jamais entamé la détermination du corps social.

— Ça ne devait pas être facile pour lui d'enseigner à Toulouse et d'avoir Peyriac comme collègue ?

— Peut-être.

Paula Krief haussa les épaules. Elle s'en foutait et ne faisait même pas semblant.

— Vous avez dit que vous pouviez l'aider à trouver un poste ?

— Eh ! Je ne suis pas le ministère. Je fais ce que je peux, je donne des coups de téléphone, je recommande, mais je ne peux pas faire beaucoup plus. Pour Limon, à Toulouse, c'était mort. Il y croyait peut-être un peu, et c'est vrai qu'il y a parfois des rivalités qui font que vous vous faufilez dans un trou de souris, mais quand même, tout le monde savait que Toulouse c'était pour Godefroy. C'était l'élève de Peyriac. La relève et la continuité à la fois. J'ai obtenu qu'il soit auditionné à Poitiers. Mais là aussi, je savais que ce n'était pas pour lui, le poste était réservé à une élève de Sylvain.

— Sylvain Armengaud ?

— Oui. La fille a été classée première, comme prévu, et Limon troisième je crois. Cette année, il n'y avait pas beaucoup de postes au concours, Limon allait revenir dans l'enseignement secondaire, et comme c'était un bourreau de travail il aurait certainement été recruté l'année prochaine ou d'ici à deux à trois ans.

Pour son malheur, Tarate aborda la question de l'historiographie. Il vit passer une étincelle de passion violente dans les yeux de Paula Krief. Elle se déchaîna brusquement. À part elle et son grand ami Sylvain, il n'y avait personne sur la Grande Guerre. Personne. Les autres – elle faisait un geste dédaigneux de la main – ne vivaient que sur ses œuvres et celles de Sylvain. Ils ne vivaient que pour critiquer et, tout compte fait, cela leur faisait un sujet d'étude puisqu'ils n'en trouvaient pas par eux-mêmes. Et Paula Krief étalait ses titres, ses décorations, ses prix, elle exhibait le diplôme de docteur *honoris causa* décerné par l'université de Guayaquil, en Équateur, dont elle était très fière et qu'elle avait fait encadrer. « Et pourtant, je ne parle pas espagnol, insistait-elle. Et il y a cinq ans, j'ai obtenu le prix du service de santé du Val-de-Grâce. Et la semaine prochaine, je serai la présidente d'honneur du salon du livre d'Ozoir-la-Ferrière. » Elle se rengorgeait et, comme Ronchonnet, n'avait que des mots méprisants pour ses confrères.

— De toute façon, si vous ne comprenez pas que la Grande Guerre est une croisade, c'est que vous n'avez rien compris.

Elle enquillait les formules : barbarie, guerre sainte, eschatologie, parousie, millénarisme, sacrifice, imitation des saints, résurrection de la patrie, combattants-chevaliers… Tarate, écrasé sous le feu du national-catholicisme, n'osait plus rien dire. Il tenta bien d'opposer que, tout de même, les poilus ne croyaient pas tous en Dieu ou, qu'en tout cas, ils ne rêvaient peut-être pas de s'offrir joyeusement en holocauste. Que n'avait-il pas dit là ! Il n'y avait pas d'esprit fort sous la mitraille, soutenait Paula Krief, les conversions allèrent bon train de 1914 à 1918. Les soldats offraient leur vie, le sourire aux lèvres et la conscience claire, parce qu'ils se sentaient des christs patriotiques ayant pour mission de sauver le pays au prix de leur sang. Au terme de ce discours enflammé, Tarate fut carrément chassé. Elle avait du travail. Une soupe maléfique sur le feu, un sabbat à préparer. S'il n'avait plus de questions, qu'il débarrasse le plancher.

En repassant par la cour d'honneur, il vit la devise de Robert de Sorbon gravée au-dessus de la porte principale : « Vivre en bonne société, collégialement, moralement et studieusement. » Une formule parfaitement adaptée aux spécialistes de la Grande Guerre.

12

19 juin

Sylvain Armengaud était le meilleur, comme tous les autres. À la différence que lui n'avait pas besoin de le dire puisque c'était vrai. Aucune frustration n'émanait de sa personne car il était au sommet. Qui aurait-il pu détester ? Qu'aurait-il pu convoiter qu'il n'avait déjà ? Une bonne partie de l'université lui susurrait à l'oreille qu'il était génial, et une autre le vilipendait, mais qu'on le vénère ou qu'on l'exècre, il était central, essentiel, tout simplement incontournable. Un des rares historiens médiatiques également. On l'avait vu une fois ou deux à « La Petite Bibliothèque », l'émission littéraire phare du service public. Il avait très tôt saisi les codes de la société du spectacle et, tel Christophe Barbier affublé de son éternel cache-nez rouge ou Bernard-Henri Lévy et sa chemise blanche ouverte sur la poitrine, Armengaud promenait sur les plateaux de télé et de radio une mèche de cheveux rebelle, qu'il ramenait en arrière d'un geste auguste de la tête savamment copié sur Sophie Marceau. Oui, il était le meilleur. Et il le savait. D'ailleurs, la Grande Guerre était devenue trop petite pour lui. Il avait fait le tour des tranchées, il avait dit tout ce qu'il avait à dire et ne s'y intéressait plus. Pour retrouver le bonheur du néophyte, l'ardeur du défricheur de terres inconnues, il avait décidé de recommencer à zéro avec un autre sujet, très loin du premier, la conquête de l'Amérique précolombienne par les Espagnols, et tout spécialement l'étude de sa violence, de sa brutalité. En quelques années, il en était devenu un des spécialistes les plus réputés, de quoi faire la preuve que tout ce qu'il touchait se transformait en or et que, décidément, il était génial. Cette désertion du champ de bataille de la Grande Guerre, cette reddition en rase campagne pour un autre espace et une autre époque, avaient insupporté un peu plus le camp de ses détracteurs, au premier rang desquels Ronchonnet et Peyriac qui n'avaient ni sa plasticité ni son agilité d'esprit mais partageaient avec lui un ego souverain.

Curieusement, alors qu'on lui avait proposé tant de fois un poste à la capitale, Armengaud avait décliné l'offre. Son snobisme le poussait à demeurer à l'université de Créteil – on disait « Paris XII » pour faire semblant de se croire important, alors qu'il suffisait de sortir du métro pour se rendre compte que Créteil et Paris, ce n'était pas tout à fait la même chose… Paris XII n'était pas non plus la faculté la plus réputée, mais elle avait le mérite d'être desservie par la ligne 8 avec un arrêt à Opéra, à deux pas de chez lui. Enseigner en banlieue permettait aussi de se poser en professeur militant, de soutenir des opinions de droite en culpabilisant ses collègues parisiens de gauche ou de soutenir des opinions de gauche en culpabilisant ses collègues parisiens de droite ; et, surtout, de continuer à régner en maître incontesté sur le royaume du département d'histoire : un petit chez-soi est préférable à un grand chez-les-autres, comme l'affirmait la célèbre devise. Que lui importait une université prestigieuse où il aurait dû être un parmi d'autres ? À Paris XII, il était le mâle dominant. Paris XII, c'était lui et lui, c'était Paris XII. Populaire, drôle, cynique à l'occasion, ironique souvent, il animait des séminaires très suivis. On venait de loin pour travailler avec lui. En baron qui se respecte, il était entouré d'une grappe d'admirateurs, le plus souvent du genre féminin, que les jaloux surnommaient les « Sylvettes ». Ils répétaient mot pour mot la parole du maître, les concepts de « barbarisation » – un néologisme qui faisait fureur –, de résignation patriotique, de processus de totalisation. Pas un article sans commencer par une citation convenue qui mettait en valeur les thèses cardinales de l'homme qui, en publiant *Penser la guerre*, son principal ouvrage, avait voulu rénover intégralement son approche. Et avec cela un charme, celui du premier de la classe, qui n'a jamais douté ni jamais échoué, qui vous enveloppait et vous ralliait à son panache blanc.

— À la suite des meurtres de François Godefroy et d'André Limon, qui tous deux travaillaient sur la guerre de 14…

Pascal Tarate n'eut pas le temps de finir sa phrase.

— Mon cher monsieur, la guerre, ce n'est pas la barbarie que nous avons à l'esprit aujourd'hui. Nous avons le tort de regarder le passé avec les lunettes du présent. La barbarie, à l'époque, c'est l'autre, l'ennemi, non pas l'Allemand mais le boche.

— Euh, oui, mais à propos des meurtres de…

— Chacun est persuadé qu'il combat pour la civilisation et c'est ainsi que la guerre se colore d'un parfum de croisade. Mais la barbarisation – une notion que je n'ai pas inventée et que j'emprunte au grand historien américain George Flosse –, ce n'est pas simplement dire que la guerre est une barbarie, mais qu'elle nous transforme en barbare, qu'elle fait rejaillir ce petit bonhomme en peau de bête qui sommeille en nous, comme disait Arthur Koestler.

— Très certainement, mais je voulais vous parler concrètement de…

— Le plaisir de tuer, mon cher Pascal, voilà une chose barbare qui ressurgit soudainement, le plaisir du chasseur, celui d'avoir un homme dans le viseur et de le coucher à terre.

Difficile d'en placer une pour le capitaine Tarate. Comme il avança imprudemment que tous les anciens combattants qu'il avait connus dans sa famille haïssaient la guerre, il essuya un regard de commisération. Quelle naïveté ! Ne savait-il pas que les souvenirs se recomposaient, et que la fierté de tuer s'était muée en honte ? Que les féroces bellicistes d'hier étaient devenus, construction européenne et réconciliation franco-allemande obligent, les plus ardents des pacifistes ?

Il était urgent de reprendre le contrôle de la situation et de ne plus laisser au professeur le soin de mener la conversation. Le capitaine interrompit sans ménagement Armengaud alors qu'il était en pleine démonstration.

— Connaissiez-vous André Limon et François Godefroy ?

Sylvain Armengaud pinça les lèvres, mécontent, mais reprit immédiatement.

— Naturellement. Je n'ai que des compliments à faire sur André dont j'ai présidé le jury. Son travail montre parfaitement que les résistances à la guerre ont été minimes. Quant à Godefroy, je n'ai lu pour le moment de lui qu'un article ou deux que je trouve singulièrement affligeants. Du Peyriac tout craché. Des soldats travaillés à l'avant par la volonté de déserter mais retenus par la peur du danger comme par le souci de préserver leur famille à l'arrière, qui risqueraient d'être montrées du doigt en cas de défection. Allons, foutaises ! Les défenseurs de la théorie de l'asservissement n'ont rien compris. Ils décrivent des soldats terrorisés par leur commandement, un peuple écrasé par un appareil d'État inflexible.

Tarate reposa son carnet. Il n'y avait rien à tirer de cet entretien. Le professeur était déjà reparti dans ses grandes explications, comme s'il parlait à tout un amphi.

— Toutefois, cher monsieur, je reconnais que la thèse de Godefroy a un mérite : elle donne les chiffres précis des déserteurs, un pourcentage extrêmement minime – vous m'entendez, extrêmement minime ! – qui ne s'élève que dans les zones frontalières des Alpes et des Pyrénées, parce que la Suisse et l'Espagne neutres étaient un refuge. Et les chiffres ce sont les chiffres ; on peut gloser sur les intentions, les velléités, le désir de désertion, mais ce qui compte, à la fin, ce sont ceux qui sont passés à l'acte et seulement ceux-là. Et laissez-moi vous dire qu'ils ne sont pas nombreux. Voilà comment Peyriac dirige des travaux qui finissent par contredire eux-mêmes ses idées.

Tarate prit congé encore plus embrouillé qu'il ne l'était en arrivant. Il se dit que cette enquête ne le mènerait nulle part, à moins de travailler sur les controverses intellectuelles. Les rencontres avec les grands professeurs, ce n'était finalement pas une bonne idée. Il lui fallait du recul, un examen factuel des positions des uns et des autres et non pas une caricature. Sur le chemin de son hôtel, il s'arrêta dans une librairie et razzia l'étagère consacrée à la Première Guerre mondiale. Au moment de payer, il se demanda s'il pourrait faire passer la facture en note de frais.

13

Dans l'hôtel situé au bout de la ZAC de Créteil, coincé entre un McDonald's et un supermarché Lidl, et qui n'avait de première classe que le nom, Tarate s'était mis à lire avec avidité. En dépit de son enthousiasme, la plupart des livres qu'il entreprenait finissaient par le lasser. On aurait dit que, pour convaincre les lecteurs du caractère scientifique de l'histoire, il fallait s'appliquer à écrire dans la langue la moins accessible possible. Il y avait aussi des théories surprenantes, comme celle de ce sociologue qui, en voulant penser le sacrifice, prétendait que les poilus, en acceptant de mourir pour la patrie, étaient mus par le même souffle que le tueur d'enfants Mohammed Merah. Cette comparaison indécente le dérangea. Il ne sut tout à fait s'il fallait ranger ce sociologue dans le camp de Peyriac, parce que le sacrifice était dénoncé, ou dans celui d'Armengaud, parce que le sacrifice représentait la valeur suprême pour les individus en état de guerre. Il n'en savait visiblement pas encore assez pour se faire une idée au premier coup d'œil. Il désespérait au milieu de toute cette prose de trouver l'étincelle qui éclairerait son chemin et se voyait bientôt reprendre la direction du commissariat de Toulouse, pieds nus, en chemise et la corde au cou. D'ailleurs, il n'avait pas de nouvelles de ses collègues. En deux jours pourtant, on en abat, du boulot. Mais personne ne le tenait au courant. En consultant les informations sur le Net, il constata que la presse n'en savait pas plus, ce qui le rassura un peu.

Son ventre grogna, et il sentit une remontée gastrique acide : c'était le signe qu'il était l'heure de se mettre à table. Avant de sortir à la recherche d'un restaurant, Tarate parcourut sans passion la table des matières d'un petit livre intitulé *La Grande Guerre en questions*. Comme le titre l'indiquait, il s'agissait d'aborder le sujet de façon problématisée : pouvait-on éviter la guerre ? Pourquoi les Allemands n'ont-ils pas gagné la bataille de la Marne ? La guerre a-t-elle émancipé les femmes ? Pourquoi les États-Unis sont-ils entrés en guerre en 1917 ? La défaite allemande était-elle inévitable ? etc. Le policier allait jeter l'éponge quand la dernière question le retint : « Pourquoi les poilus ont-ils tenu ? » Le chapitre ne faisait qu'une dizaine de pages qu'il avala avec enivrement. Tout s'éclairait enfin. Sur le constat, tout le monde était d'accord : les mobilisés de la Première Guerre mondiale avaient vécu l'enfer sans pourtant lâcher prise, mais sur les motivations de leur extraordinaire ténacité, les interprétations différaient. Les uns vantaient le patriotisme viscéral de cette génération, insistaient sur la composition sociale de l'armée, formée de paysans qui combattaient dans leur terre, rappelaient la force de la camaraderie, la béquille de la foi. D'autres au contraire agitaient la menace des gendarmes, de la justice militaire, du poteau d'exécution, dissertaient sur la domination politique, sociale et culturelle qui rendait difficile le surgissement d'une parole capable de s'opposer à la formidable résignation des masses. D'un côté ils avaient consenti, de l'autre ils étaient contraints. Tout s'éclaira pour le capitaine qui sut enfin reconnaître et classer son petit monde. Il lui apparut que la distinction entre les deux camps épousait aussi, comme souvent dans les débats intellectuels, un affrontement droite-gauche. Mais cette déduction ne collait pas complètement. Le professeur Ronchonnet, si proche de l'armée, aux opinions conservatrices assumées, était un des plus acharnés contempteurs de Krief et Armengaud et donc du consentement patriotique. Décidément, il y avait encore quelque chose qui lui échappait.

En tout cas, cette lecture l'avait revigoré. Il comprenait maintenant où se situait le point d'achoppement entre Godefroy et Limon et comment leur affrontement autour d'un poste de maître de conférences recoupait la bataille intellectuelle entre leurs directeurs respectifs. À cela, il fallait ajouter les logiques locales, comme cette rivalité des deux laboratoires toulousains pour obtenir l'affiliation du nouveau recruté. Tout cela était désormais très clair, à part l'assassinat et l'identité de l'assassin. Si seulement les victimes étaient tombées du même côté de la barricade scientifique, il aurait pu suspecter le camp d'en face, mais Limon et Godefroy appartenaient à des écoles diamétralement opposées. Cette histoire était décidément compliquée. Mais pour l'heure, il se régalait de la lecture de ce petit ouvrage qu'il emporta jusqu'au buffet du restaurant Campanile situé en face de l'hôtel. Quand il le referma, peu avant 23 heures, il avait l'impression d'en savoir beaucoup plus, ce qui n'était pas le cas avec tous les autres ouvrages qu'il avait parcourus vaguement et qu'il avait refermés sans s'être vraiment enrichi. L'auteur de *La Grande Guerre en questions* – il n'avait pensé à regarder son nom qu'en arrivant à la dernière ligne – était une femme. Marion Petitgrain. Elle avait soutenu quelques années plus tôt une thèse sur les campagnes durant la guerre et enseignait au lycée de Lognes, en région parisienne. Il se dit que c'était elle le bon numéro. Son tour de France des grands professeurs, il y mettait un terme définitif.

14

20 juin

Le lendemain, il téléphona au lycée de Lognes. Il prit quelques précautions pour ne surtout pas donner l'impression que la professeure était mêlée de près ou de loin à une affaire criminelle. Il avait juste besoin de ses lumières, de sa science, pour mieux cerner une enquête. « C'est pour l'histoire des meurtres de Toulouse, je parie ? » l'interrogea la secrétaire, sans aucune surprise. Et comme elle sentit la stupéfaction du policier, elle reprit : « Vous savez, il y a de nombreux journalistes qui nous téléphonent pour joindre Mme Petitgrain. Vous auriez vu l'année 2018, le centenaire de l'Armistice, ça n'arrêtait pas. C'est un peu notre star, ici. Bon, c'est vrai que ça s'est calmé depuis, mais comme vous êtes de la police, je me suis dit… » Tarate acquiesça. En effet, c'était bien pour cette affaire. La secrétaire, triomphante, lui répondit que Mme Petitgrain terminait ses cours à 15 h 30 et qu'il pourrait donc venir lui parler à ce moment-là. On la préviendrait qu'un policier voulait la rencontrer. Il n'aurait qu'à l'attendre devant les grilles du lycée, et elle viendrait à sa rencontre.

Lognes était une drôle de ville. Tout y avait l'air neuf, une sorte de ville américaine mais avec des logements sociaux au lieu des suburbs à la pelouse impeccable. On se situait ici dans la collectivité de communes de Marne-la-Vallée, une ville nouvelle qui avait poussé comme un champignon dans le sillage de Disneyland, tout proche. Il y a quarante ans, il n'y avait ici que des champs, et Lognes n'atteignait même pas les 300 habitants. Aujourd'hui, elle en comptait cinquante fois plus. En revanche, l'objectif d'aménagement du territoire n'avait pas vraiment été atteint, tellement Paris polarisait les emplois et les déplacements. Tarate trouva la ville sans charme, sans être laide pour autant. Elle avait juste poussé tellement vite qu'il semblait lui manquer une âme.

Posté à l'entrée du lycée à l'heure dite, le policier ne se sentait pas très à l'aise. Le grand parking derrière lui était entièrement vide car aucun parent ne se déplaçait plus pour convoyer son adolescent – trop la honte, disaient les jeunes. Il était donc seul. Le bon côté des choses, c'est que Marion Petitgrain n'aurait aucun mal à le reconnaître. À 15 h 25, la sonnerie retentit. Non pas le son strident du lycée de sa jeunesse, mais un air jazzy empli d'entrain et de bonne humeur. Il imaginait déjà la commission pédagogique paritaire qui s'était réunie au rectorat pour plancher activement sur le remplacement d'une sonnerie irritante qui rappelait celle du réveil, donc traumatisante et associée à la contrainte, par une musique plus douce qui placerait l'apprenant en situation de plaisir et de confort. Elle en avait fait du progrès la science pédagogique en l'espace de trente ans! Des progrès inversement proportionnels au niveau des élèves, que les professeurs et les enquêtes affirmaient en chute libre. Les objectifs de 80 % d'une classe d'âge au bac étaient cependant atteints et c'était l'essentiel.

Une clameur monta du bâtiment. L'heure de la récréation. Ceux qui n'avaient plus cours quittaient le lycée en petits groupes bruyants et agités. Il la vit enfin. Il l'avait googlisée dans la matinée, mais il ignorait qu'elle était si petite et si menue. Avec son teint rose et ses joues rebondies, dernier témoignage de l'enfance qui résistait encore dans son corps d'adulte, elle ressemblait à une poupée de porcelaine. Les lycéens la dépassaient d'une bonne tête, voire deux, mais à la façon dont ils s'empressaient autour d'elle, il sut que c'était une petite cheftaine. Il émanait d'elle un charisme naturel, une force tranquille doublée d'une sensualité qui devait troubler les garçons en pleine poussée de sève. Elle marcha droit sur lui, répondant d'un signe de la main aux élèves qui lui souhaitaient une bonne soirée. Comme elle rejoignait le policier, une effrontée l'interrogea, de loin : « C'est votre fiancé, madame? » Elle tourna la tête avec un sourire hautain et répondit à la provocation par la provocation : « Pas encore… Pas encore… » La jeune fille la relança : « Il est mignon, vous feriez un beau couple ! » Cette fois-ci, Marion Petitgrain ne se retourna pas. On pouvait plaisanter avec les jeunes, mais il fallait leur montrer la frontière entre la proximité et la familiarité.

Pascal Tarate, qui n'osait plus regarder une fille depuis des mois, se mit à rougir. Elle lui tendit la main : « Alors, vous vouliez me voir ? » Sans lui laisser le temps de répondre, elle lui expliqua qu'elle était venue le saluer pour ne pas le faire attendre mais qu'elle avait sa voiture au parking des professeurs. Elle partait la chercher et il n'aurait qu'à la suivre avec sa Clio. C'est ainsi qu'elle le conduisit chez elle, à dix minutes à peine du lycée, au dernier étage d'une petite copropriété peuplée uniquement d'Asiatiques.

— Ne me demandez pas pourquoi, mais Lognes est une des capitales de l'Asie du Sud-Est en France, l'informa-t-elle. L'avantage, c'est qu'il y a d'excellents restaurants par ici, pas le bœuf-oignons-poulet-curry que l'on trouve partout, non, des choses typiques, rares, des goûts uniques.

Tarate répondit qu'il ne manquerait pas d'essayer et qu'il connaissait lui-même quelques bonnes adresses à Toulouse, des gargotes qui ne payaient pas de mine mais qui enchantaient les papilles. Avait-elle déjà goûté du canard aux cinq parfums ? Elle le dévisagea d'un air entendu qui signifiait qu'ils étaient sur la même longueur d'onde, en tout cas sur le plan stomacal. Puis le sourire disparut.

— Toulouse… C'est vrai que vous venez pour cette affaire de meurtre…

— Oui. Vous en avez entendu parler ?

— Ah, oui. On en a parlé partout, même à la télé au 20 heures. Étrange, cette histoire. Mais en quoi puis-je vous être utile ?

Elle jeta son cartable sur le canapé et disparut dans la cuisine d'où elle força la voix.

— Je me fais un thé… Vous en voulez un ?

Pascal Tarate força la voix à son tour : il en prendrait un volontiers. En fait, il n'était pas très amateur mais il lui sembla plus poli d'accepter. À Rome, on fait comme les Romains. Son regard fut accroché par un meuble derrière la vitrine duquel s'exposait une petite collection d'objets de la Grande Guerre. Il s'approcha avec empressement : de l'artisanat de tranchée, bien entendu, comme dans toutes les collections, et un étrange pistolet qui semblait plus lourd et plus gros que la moyenne.

— Ahah ! Vous avez trouvé mon trésor, gloussa-t-elle.

Elle ouvrit le meuble et en sortit une douille d'obus magnifiquement travaillée avec le dessin d'un coq terrassant un aigle.

— Vous avez vu ce travail ? La finesse du dessin ? Il a fallu marteler le cuivre avec un tout petit poinçon. Vous imaginez la lenteur de l'ouvrage ?

— Remarquez, ils avaient le temps.

Elle éclata de rire. Oui, ils en avaient du temps à passer dans les cantonnements, et pour dire vrai, elle n'était pas certaine que cette douille ait été réellement travaillée durant le conflit. Après guerre en effet, de véritables ateliers s'étaient mis à confectionner des souvenirs dont étaient friands les touristes des champs de bataille. Ce qu'on prenait pour de l'artisanat de tranchée était bien souvent de l'artisanat d'après-guerre confectionné avec des matériaux récupérés. Marion sortit une petite boîte avec un regard mystérieux.

— Ça, en revanche...

C'était un petit éclat d'obus fixé sur un socle en bois avec cette inscription gravée sur une plaque de cuivre : « Souvenir de 1917. L'éclat qui m'a blessé. »

— C'est émouvant, hein ? Par contre, c'est dommage... On ne saura jamais rien de ce bonhomme parce qu'il n'a pas mis son nom.

Elle attrapa un bock à bière en porcelaine ouvragée et colorée.

— Et cela ? Vous savez ce que c'est ?

— Je crois avoir une petite idée...

— Ah, mais ce n'est pas n'importe quel bock !

Elle l'exposa à la lumière. Sur le cul, on pouvait lire en transparence la date « 1910 ». Elle reprit :

— On avait coutume en Allemagne de célébrer la fin du service militaire en achetant un bock avec la date de sa classe en souvenir.

— Un peu comme la quille chez nous, remarqua Tarate qui, depuis le début, n'avait d'yeux que pour le pistolet. Il finit par le montrer du doigt.

— Et cela ?

Elle le lui posa dans la main.

— C'est lourd, hein ? 1,5 kg ! Et ce n'est pas un pistolet comme les autres, c'est un Hebel, un *Leutsch Pistol*, c'est-à-dire un lance-fusées.

Devant le regard interrogatif du policier, elle continua :

— Les fusées servaient à communiquer avec l'artillerie à l'arrière des lignes. Selon la couleur, on réclamait un barrage pour briser une attaque ennemie, ou bien on demandait d'allonger le tir... Mais ne me demandez pas le code couleur, je suis nulle.

— Ah, non ! Vous n'êtes pas nulle !

La phrase avait jailli spontanément, comme une évidence. Le policier expliqua qu'il avait passé la soirée à lire son dernier livre, qu'il ne l'avait pas lâché, y compris durant le repas, que grâce à elle il avait l'impression de bien connaître la guerre, non pas les faits mais ses enjeux.

— Vous êtes un policier bien gentil et bien savant, répliqua la jeune femme en se retenant d'éclater de rire. Et vous êtes venu de Toulouse pour me faire ce compliment ?

Pascal Tarate regarda ses chaussures. Marion Petitgrain n'était pas spécialement belle mais sa bonne humeur, sa démarche, son bagout, sa façon de vous regarder, son sourire surtout, donnaient l'impression que vous étiez unique au monde. Pour un homme intimidé par les femmes et qui les fuyait depuis si longtemps, la proximité avec une telle jeune femme était une épreuve, mais une épreuve d'un genre charmant qui réveillait en lui des élans disparus. Elle ne jouait pas de son charme, elle ne minaudait pas, elle était simplement et naturellement pétillante. Tarate bredouilla qu'il s'intéressait à la Grande Guerre pour mieux comprendre le double crime de Toulouse, qui avait de quoi dérouter. L'enseignante soupira. Si la police venait lui poser des questions sur une affaire dont elle ignorait tout, à l'exception de ce qu'elle avait pu lire dans la presse, c'est qu'elle devait sacrément patauger. Tarate opina. Pour patauger, il pataugeait en effet.

— On ne peut pas dire que ce soit une enquête facile, concéda-t-il. Mais grâce à vous, j'ai compris pourquoi la commission de recrutement de Toulouse a été unanime à rejeter André Limon.

Il n'entra pas plus dans les détails. Lors des interrogatoires des enseignants toulousains, il n'avait pas réussi à s'expliquer pourquoi les membres du laboratoire fondé par Peyriac avaient tous voté pour Godefroy, alors que ce dernier les avait tout de même trahis en rejoignant l'équipe dirigée par Motta. Quand il avait posé cette question, il avait senti de la gêne. Maintenant, il identifiait le non-dit : les amis de Peyriac ne pouvaient en aucun cas coopter un disciple de Paula Krief avec qui ils étaient en guerre intellectuelle. Mais personne n'avait justifié son vote par cette explication qui les aurait disqualifiés moralement. Il fallait donc rabaisser Limon, réduire ses mérites, alors qu'en réalité c'est Paula Krief qui était visée.

— Ravie de vous avoir rendu service, gloussa la jeune femme.

— En vous lisant, j'ai pu saisir la partition du monde universitaire sur la Grande Guerre. Mais il y a quand même quelqu'un que je n'arrive pas à classer.

— Qui donc ?

— Ronchonnet. Ce spécialiste d'histoire militaire, proche de l'armée, devrait défendre les thèses de l'acceptation de la guerre par les Français. Or, s'il juge dédaigneusement Peyriac, j'ai pu constater qu'il n'a pas de mots assez durs pour Krief et Armengaud.

Marion Petitgrain leva les yeux au ciel.

— Vous êtes bien naïf pour un policier, le rudoya-t-elle. Vous ne savez pas ce que c'est que l'humanité ? Vous croyez que les confrontations intellectuelles reposent uniquement sur des fondements scientifiques ? Ronchonnet est comme les autres : il a d'abord applaudi aux thèses sur la « barbarisation » et la « résignation patriotique », mais comme Paula Krief a fait une recension très sévère d'un de ses livres, il s'est mis à la détester.

Tarate opinait du chef, gravement. À la réflexion, Marion Petitgrain avait raison, il avait été bien naïf de croire l'Université au-dessus des contingences humaines. Ne se cognait-il pas à celles-ci tous les jours au commissariat ? Et pourtant, vu de loin, on pouvait également penser que dans la police, l'intérêt de la justice et de la loi primait toute autre considération. Il était bien placé pour savoir que ce n'était pas vrai.

Marion avait-elle un jugement à porter sur les deux victimes de Toulouse, Godefroy et Limon ? Y avait-il quelque chose qui pouvait les distinguer et attirer sur eux la vindicte d'un tiers ? Elle haussa les épaules. Elle les avait lus, elle les connaissait sans les connaître et elle n'avait rien à en dire, sauf qu'ils étaient la voix de leur maître. Godefroy faisait du Peyriac. Limon du Krief. Les élèves pensaient la même chose que leur professeur, c'est-à-dire, en gros, qu'ils ne pensaient rien. Le capitaine était dubitatif. Comment était-ce possible ? Parce que c'était la règle. Un étudiant contestataire des idées de son maître ferait long feu. L'Université n'était pas démocratique mais féodale, clanique. Si l'on voulait avoir un poste de moniteur, d'ATER, et si l'on voulait être recruté comme maître de conférences, la meilleure façon était encore de marcher dans les pas de son directeur. La plupart ne se rendaient même pas compte de leur servitude, et il était fort à parier, si on les interrogeait, qu'ils jureraient leurs grands dieux avoir toujours conservé leur indépendance d'esprit. Pascal Tarate haussa un sourcil. Peut-être y avait-il chez Marion Petitgrain une part d'amertume. Peut-être brûlait-elle ce qu'elle avait adoré. Peut-être dépréciait-elle ce qu'elle avait tant convoité.

Quand il lui demanda pourquoi elle n'avait pas encore été recrutée à l'université alors qu'elle approchait des 36 ans – sa date de naissance figurait sur la fiche Wikipédia que le policier avait consultée –, elle fit un geste évasif. Le manque de postes, de chance, un directeur peu influent et qui ne s'était pas dépensé pour la défendre. Et puis, pour elle, c'était fini. Elle avait décidé de poser ses valises. Elle était très bien au lycée et en avait assez de candidater chaque année et de faire en vain le tour de France des universités, pour de la figuration la plupart du temps. Neuf fois sur dix, elle connaissait le nom du futur recruté que l'on appelait hypocritement le candidat « pressenti ». Le fléchage du poste permettait de le reconnaître au premier coup d'œil. Ainsi, des intitulés extrêmement précis restreignaient strictement le champ des postulants. Un « pressenti » avait-il soutenu une thèse sur l'Église et l'École au XIXe siècle ? Le poste mis au concours serait intitulé « Éducation et religion au XIXe siècle », excluant les postulants ayant travaillé seulement sur l'École et tous les autres se prévalant d'une thèse portant uniquement sur l'histoire religieuse. Au bout du compte, il n'y avait qu'une seule personne pour répondre parfaitement au profil indiqué. Machiavéliquement habile. Il arrivait que des directeurs de département, prévenants ou culpabilisés, déconseillent carrément à des postulants de venir à l'audition : le transport, la nuit d'hôtel, les frais… Inutile de perdre tout ce temps et cet argent. Un tour de chauffe, un entraînement, pourquoi pas, mais le recrutement il ne fallait pas y penser.

Cette année, elle avait candidaté pour la dernière fois. Il y avait deux postes ouverts au concours avec le fléchage de la Première Guerre mondiale, l'un à Toulouse et l'autre à Poitiers. À Toulouse, elle n'avait même pas envoyé son dossier tellement elle savait que c'était bétonné pour Godefroy. Il n'y avait que cet idiot de Limon pour ne pas s'en rendre compte. À Poitiers, c'était plus ouvert. Elle savait que Sylvain Armengaud se démenait pour caser une de ses étudiantes, Léa Nadal, et que celle-ci était donnée gagnante malgré un CV indigent et dix fois moins de publications qu'elle. Sans surprise, c'est Nadal qui avait été élue et elle avait été classée deuxième. D'ailleurs, elle avait croisé Limon, à Poitiers, le jour des auditions. Ils s'étaient côtoyés dans la salle où les candidats attendaient leur tour de passer devant la commission. Un drôle de type, celui-là, qui n'avait pas desserré la mâchoire. Elle se demandait même s'il avait bougé d'un poil ou cligné de l'œil tellement il était immobile. Il devait y croire, le pauvre, car il était encore jeune et, qui plus est, patronné par l'influente Paula Krief. Cependant, il avait été classé troisième, derrière elle. Marion éclata de rire. Troisième ou cinquantième, où est la différence quand il n'y a qu'un seul élu ? Elle était néanmoins persuadée qu'il avait dû mal le prendre car il se pensait au-dessus du lot, et pas une fois il ne lui avait adressé la parole. Il n'avait même pas répondu à son bonjour quand elle était entrée dans la pièce.

La conversation roula ainsi durant des heures, dynamique et sans temps mort, entre éclats de rire, consternation, interrogations mutuelles et confessions, comme chez deux vieux amis qui se retrouvent. Elle dériva à tel point que Toulouse et son double meurtre furent vite oubliés. À la fin de l'après-midi, ils étaient passés au tutoiement et ni l'un ni l'autre n'avaient envie de se séparer. Quand Tarate regardait sa montre et parlait de s'en aller, en la remerciant pour son accueil, elle lui resservait du thé ou bien le relançait sur ses voyages en Asie, une passion qu'ils avaient en commun. Elle connaissait la Thaïlande, le Cambodge et le Laos, lui la Chine, le Vietnam et le Japon. À l'heure du repas, la décence obligea Tarate à prendre congé. Rassemblant son courage, il proposa timidement à la jeune femme de l'inviter à dîner pour qu'il puisse se rendre compte des promesses d'originalité culinaire qu'elle lui avait vantées. Et puis, c'était elle qui connaissait les meilleures adresses et les plats qui valaient le coup. Sans elle, il risquerait un impair. Avec le sourire de la fille à qui on ne la fait pas mais qui joue le jeu de la séduction, elle se leva d'un bond. C'était d'accord. Elle l'emmènerait chez Ding, un petit restaurateur tonkinois. Le poulet citronnelle valait le détour. Il lui en dirait des nouvelles. Le policier suggéra de prendre sa voiture mais, étonnamment, celle-ci ne voulut pas démarrer. Embarrassé, Tarate soupçonna la batterie qui depuis quelques jours donnait des signes de faiblesse. Si Marion avait un chargeur… Elle secoua la tête, feignant l'exaspération.

— Le coup de la panne, mon cher Pascal, c'est tellement dépassé.

Le capitaine prit la réflexion au premier degré et voulut détromper la jeune femme qui, pouffant, sortit précipitamment de la Clio.

— Bon, on prend la mienne, alors. Mais c'est toi qui paies le repas.

15

21 juin

Premier matin. Des sociologues en mal de sujet ont étudié ce premier jour où des amants d'un soir se réveillent côte à côte et où tout se jouerait pour l'avenir du couple. La première étape, paraît-il, pour ces scientifiques enfonceurs de portes ouvertes, serait celle du réveil. Quand Pascal Tarate ouvrit les yeux, il fut brièvement désorienté. La présence de la jeune femme à ses côtés l'emplit d'un mélange de béatitude et de fierté à la fois. Elle dormait encore. Les pensées sinistres, toutefois, reprirent vite le dessus. Quand elle se réveillerait, ils ne sauraient plus quoi se dire, ils prendraient un petit déjeuner silencieux et lugubre et il se dépêcherait de s'en aller pour ne jamais revenir. Elle se retourna et, dans son demi-sommeil, l'enveloppa de son bras, l'empêchant physiquement de bouger. Elle le gardait avec elle. C'était plutôt bon signe.

Il aurait voulu aller chercher des croissants, se montrer sous son meilleur jour, mais il ne savait pas où il y avait une boulangerie dans cette ville en manque de centre, et de toute façon sa voiture refusait de démarrer. Le café pain-beurre-confiture suffit à sa félicité. Marion était gaie, enjouée, tourbillonnante comme à l'accoutumée. Elle prenait la vie comme elle venait et ne se torturait ni avec le passé ni avec l'avenir. La veille, en revenant du restaurant, elle l'avait embrassé spontanément. Elle avait pris les devants et c'était très bien ainsi. Si cela s'arrêtait là, tant pis. Mais si elle voulait aller plus loin, tant mieux. Ce n'était pas plus compliqué que cela. Il lui avait confié que rien n'allait pour lui dans son commissariat et il n'était pas pressé de redescendre. Elle n'était pas non plus pressée de le mettre à la porte. Elle ne se prenait pas la tête et elle lui signifiait clairement qu'il avait intérêt à faire de même.

Comme il lui emprunta sa voiture pour acheter une batterie neuve, elle lui demanda de passer au supermarché et d'en profiter pour faire des courses pour le repas du midi. Et elle lui colla même dans la main un billet et une liste d'achats, qui lui donnèrent l'impression qu'ils formaient déjà un couple. Une impression étrange. Ce n'est pas que cela allait trop vite, c'était au contraire naturel et c'était cela qui surprenait le plus le policier. L'après-midi, ils se rendraient au parc, au cinéma, de nouveau au lit pour explorer leurs corps dont ils n'avaient pas fait le tour, et ensuite ce serait le restaurant.

L'enquête ? Il s'en moquait désormais. Godefroy, Limon, Quincampoix, qu'ils aillent tous se faire voir.

Toulouse était loin des yeux et du cœur. Puisque sa mission s'étalait sur quinze jours, il les passerait ici, à Lognes, et il s'arrangerait pour que cela ne se voie pas trop dans son rapport. Pour ce que le commissaire en avait à foutre, de toute façon. Marion était inquiète à l'idée des ennuis qu'il pourrait s'attirer, mais il haussait les épaules, totalement indifférent. Ses collègues, il ne pouvait plus les encadrer et ils devaient être très heureux, eux aussi, de ne plus voir sa tronche. Il lui raconta ce qu'il n'avait encore dit à personne. Le harcèlement dont il était l'objet depuis qu'il avait refusé de couvrir le viol de la loi par trois de ses équipiers. Une histoire d'une triste banalité. Un excès de vitesse, une prise en chasse, un refus d'obtempérer, l'arrestation musclée et les coups qui pleuvent sur le chauffard, un gamin irresponsable, ivre et sous l'emprise de stupéfiants. Il avait voulu s'interposer mais les trois policiers avec qui il faisait équipe ce soir-là s'étaient déchaînés contre cette « racaille de banlieue » en proférant au passage des insultes racistes. Ils lui avaient cassé le nez. Le garçon avait porté plainte. Ses collègues en avaient alors fait autant, prétextant une rébellion, des coups, des crachats, des insultes tout à fait imaginaires. Ils réclamaient même des dommages et intérêts et se réjouissaient d'envoyer le gamin au trou. Lors de l'enquête, Tarate avait refusé de mentir devant les enquêteurs de la police des polices, et s'était retrouvé dans une situation impossible. On lui reprochait de manquer de solidarité, de contribuer à troubler l'image de la police, on l'accusait de trahison. Son chef couvrait les trois salopards et lui tirait dans le dos. Il était le mouton noir, celui qui avait parlé. La balance. Chez les flics, on a son code d'honneur, pas si éloigné de celui des voyous. L'affaire passerait bientôt en justice et on lui faisait comprendre tous les jours qu'il avait intérêt à se rétracter.

En attendant, on ne lui demandait rien et on ne le tenait au courant de rien. Mais lui, bien qu'il s'en défende, souffrait de ne rien savoir. Poussé par Marion qui le voyait trop souvent préoccupé, les yeux dans le vague, il se résolut à appeler un des seuls collègues qui ne lui avait pas tourné le dos, un gars bien, honnête et droit qui estimait que la brigade gagnerait à s'épurer des sales types au comportement de cow-boys. Il l'appela un soir pour connaître l'avancement de l'affaire du Mirail. Y avait-il du nouveau ? Le commissaire Quincampoix et son collectif étaient-ils en train de réussir là où il avait échoué ? Il apprit ainsi que Quincampoix n'obtenait pas de meilleurs résultats que lui, qu'il se faisait engueuler par la hiérarchie et qu'en effet il expliquait son manque de réussite par le temps perdu qu'il collait sur le dos de Tarate. Un moment, Peyriac avait été soupçonné, car il n'avait pas d'alibi le soir de la mort de Godefroy, ni le jour de la mort de Limon, et Motta avait été placé en garde à vue parce que l'on n'avait rien compris à son stratagème de débauchage de Godefroy au profit de son laboratoire méditerranéen. Clémentine, la femme de la première victime, avait été inquiétée, elle aussi, sa vie passée au crible, mais si des doutes pesaient sur elle vis-à-vis de son mari, ceux-ci étaient balayés par la mort d'André Limon : à midi, ce jour-là, de retour du crématorium, elle était à son domicile, entourée par sa famille. Les experts en balistique confirmaient qu'il n'y avait qu'une seule arme du crime et donc probablement qu'un seul criminel, mais rien ne marchait. Toutes les pistes explorées conduisaient à des impasses. Toutes ces informations désastreuses n'étaient au fond pas pour lui déplaire. Il n'avait pas plus merdé que Quincampoix, il y avait juste des éléments qu'ils ne connaissaient pas. Il se sentit subitement mieux à l'idée que l'échec n'était pas dû à une erreur personnelle, à un manque de flair, mais à l'absence d'indices. Ni traces, ni témoins. Il était probable que l'enquête resterait au point mort et qu'elle se terminerait en *cold case*. Alors, débarrassé de sa culpabilité, il décompressa totalement et les jours défilèrent, heureux, chez Marion Petitgrain.

Quand elle était au lycée, avec des élèves de moins en moins nombreux et de plus en plus en roue libre avec l'été qui s'annonçait déjà très chaud, il passait son temps à lire tout ce qu'elle avait écrit. Articles, communications en colloque, ouvrages, il dévorait tout, y compris son impressionnante thèse de 900 pages sur les campagnes durant la guerre. Il lisait de la première à la dernière ligne, sans oublier le volume annexe de bibliographie et de sources. Elle se moquait de lui et affirmait qu'il était peut-être la seule personne au monde à avoir lu sa thèse du début à la fin. Et son jury ? interrogeait-il, interloqué. Elle secouait la tête avec une moue boudeuse. Allons, les professeurs avaient autre chose à faire que de lire intégralement une thèse. Ils la parcouraient plus ou moins sérieusement, et c'était déjà pas si mal.

16

3 juillet

Le compte à rebours s'était enclenché. Les jours avaient défilé les uns après les autres et l'heure sonnait maintenant de revenir à Toulouse. Fin de la mission. Enfin, « mission » était un bien grand mot. Que resterait-il de Lognes à part la batterie neuve de sa Clio ? Une parenthèse enchantée dans cette vie merdique ou le début d'une nouvelle vie ? Fidèle à sa légèreté, Marion ne lui mit aucune pression. Elle lui fit comprendre qu'elle aimerait le revoir au plus vite, mais s'il ne revenait pas, ce serait juste une belle histoire éphémère, des souvenirs. Il ne fallait rien prendre au tragique. Tarate n'était pas si philosophe, du moins il ne goûtait pas ce genre de philosophie. Il était revenu dans le monde des vivants et ne voulait pas retourner parmi les ombres. Il lui promit qu'il serait très vite de retour. Et puis, les cours avaient pris fin au lycée, elle pourrait aussi le rejoindre dans le Midi pour les vacances. Au moment de s'embrasser, avant de monter dans sa voiture, il chercha à conserver une contenance et à la faire sourire :

— Au fait, pourquoi les poilus ont-ils tenu ?

Elle soupira, simulant l'agacement.

— On tient parce qu'on ne peut pas faire autrement et parce qu'on espère que tout cela prendra fin à brève échéance.

— Alors moi aussi, je tiendrai.

Elle resta immobile sur le trottoir quand la voiture s'en alla. Le policier la vit dans son rétroviseur jusqu'au moment où, parvenu au bout de la rue, il prit la direction de l'autoroute A4. Au mépris des consignes de la sécurité routière qui prescrivaient de s'arrêter toutes les deux heures, il roula sans discontinuer jusqu'à Toulouse où il arriva en soirée, le réservoir vide et la boule au ventre. Demain, il ferait son rapport au commissaire Quincampoix.

17

4 juillet

L'ambiance au commissariat semblait encore plus pesante qu'avant son départ. Il ne sut si c'était vraiment le cas, ou si les quelques jours de bonheur qu'il venait de vivre n'avaient pas faussé ses perceptions. La brigade criminelle était à cran. Elle avait retourné la vie de Limon sans rien trouver, elle avait repris de zéro l'enquête sur Godefroy pour ne rien en tirer de plus, à part l'agitation des histoires de fesses qui s'étaient ébruitées dans la presse. En tirant vers le sordide, l'orientation des investigations avait ravi les échotiers de la rubrique des faits divers. Elle avait en même temps contribué à vider le double crime de son caractère intellectuel. En dehors des feuilles les plus racoleuses, les médias étaient passés à autre chose. Ils n'évoquaient plus deux professeurs bien sous tous rapports, appréciés de leurs étudiants. Quand ils en parlaient, de plus en plus rarement, ils les présentaient comme deux pervers. Pourtant, entre Godefroy le lubrique, toujours secondé par

Villefranche, et Limon l'austère, le bénédictin, le moine-soldat de la recherche historique, la thèse du crime lié aux milieux sexuellement débridés ne tenait pas la route. On ne connaissait d'ailleurs pas de petite amie à André Limon et on avait été incapable d'en trouver une par le passé. Quincampoix en était même venu à penser qu'il pourrait y avoir deux tueurs, liés par on ne sait quelle amitié, qui auraient partagé la même arme. En un mot, il divaguait. Une chose était certaine : Godefroy était un intrigant qui avait déçu jusqu'à son directeur, Peyriac, et Limon était un personnage des plus suspects. Le commissaire s'était fait sonner les cloches. Il ne pouvait pourtant pas inventer un coupable parce que l'affaire avait fait du bruit! Il comptait beaucoup sur les écoutes téléphoniques de l'épouse de Godefroy, de Peyriac et d'une bonne dizaine de professeurs du département d'histoire, mais il n'y avait pour le moment rien à se mettre sous la dent. Tarate lui remit un petit dossier sur les querelles historiographiques opposant les spécialistes de la Grande Guerre, accompagné d'un tableau divisé en deux parties qui résumait la confrontation sur chaque point saillant. Avec un code couleur, il avait poussé le détail jusqu'à classer les différents historiens selon leur rattachement à la thèse de la barbarisation (bleu) ou à celle de l'assujettissement (rouge). On savait ainsi qui pensait quoi dès le premier coup d'œil. Après quoi il proposait d'utiliser les e-mails et les conversations téléphoniques échangés entre les uns et les autres pour établir une carte des affinités intellectuelles et personnelles. En utilisant le code couleur, on pourrait repérer immédiatement des anomalies, des liens qui n'avaient pas lieu d'être. Quincampoix se rongeait les ongles et ne le gratifia même pas d'un regard. Il eut toutefois l'amabilité de poser le mémoire sur son bureau au lieu de le jeter directement à la corbeille, ce que Tarate était persuadé qu'il ferait dès qu'il aurait le dos tourné. Et pourtant, la connexion des uns et des autres, la galaxie des collaborations, des amitiés et des haines, pouvaient faciliter la lecture de la place de Godefroy et de Limon sur la carte de la Première Guerre mondiale. Quincampoix était-il un idiot borné, ou méprisait-il le travail qui lui était remis parce qu'il en méprisait son auteur ? Un peu des deux, mon capitaine. Tarate ne mit pas longtemps à comprendre que son retour n'était pas bienvenu. La conversation sortit vite des clous de l'enquête.

La convocation au tribunal était pour le 5 septembre. Le commissaire avoua à son subordonné qu'il avait rédigé un rapport qui ne le présentait pas sous le meilleur jour, alors que les trois salopards bénéficiaient d'appréciations louangeuses. Entre des collègues consciencieux et un flic aigri, jaloux et prétentieux, qui ne s'estimait pas à la place que son génie devait lui réserver, le juge aurait tôt fait d'évaluer les témoignages de chacun. De débouter l'un et de relaxer les autres. Alors, pour éviter d'en arriver là, Tarate n'avait qu'à se rétracter puis partir, demander sa mutation. Éviter un procès inutile portant préjudice à l'image de la maison, et s'en aller le plus loin possible d'ici. Au mot de « mutation », Tarate pensa immédiatement à Marion. Plutôt que de côtoyer ces cloportes, pourquoi ne pas rejoindre la banlieue parisienne et celle qui faisait battre son cœur ? C'eût été la solution de facilité et, peut-être, l'unique bonne solution. Mais il y aurait son dossier. Partout où il atterrirait désormais, il serait marqué du sceau de l'infamie, on le regarderait avec méfiance. Enfin, il laisserait l'iniquité l'emporter sans même combattre, il laisserait ses trois collègues triompher avec carte blanche pour continuer à se comporter en cow-boys. Il devrait dire qu'il avait menti ou qu'il s'était trompé, alors qu'il n'avait rien à se reprocher. L'honneur ne le lui permettait pas.

Et dans un affrontement intérieur, il se demandait si ces questions d'honneur n'étaient pas déplacées. C'était donc pour son ego, la haute idée qu'il se faisait de son travail et de lui-même qu'il ferait le choix du panier de crabes plutôt que de la fuite heureuse sous des cieux plus cléments ? Affligeant. Pouvait-on être aussi bête ! Et puis, franchement, quel intérêt de livrer bataille si, au bout du compte, il était désavoué par la justice elle-même ? Il serait sans nul doute déplacé d'office après le procès, sur demande de son supérieur, et cette fois-ci il n'aurait pas voix au chapitre pour suggérer un nouveau lieu d'affectation. Tout se bousculait dans sa tête. En finir une fois pour toutes ? La raison plutôt que l'orgueil ? Mais sans dignité, comment se regarder dans la glace ?

Il resta donc silencieux. Il avait peur, en prononçant une parole, de donner le sentiment qu'il se ralliait à l'incitation pressante de son commissaire ou au contraire de la désavouer. Le mieux était encore de se taire. Et cela, il savait bien le faire. Quincampoix s'en irrita, naturellement. Il assortit ses bons conseils de lourdes menaces. Il le briserait s'il voulait faire le malin. Il demanderait carrément sa révocation. On le placerait au mieux dans un bureau minable où il finirait sa carrière à saisir des PV sur un ordinateur. Ce chantage fit basculer Tarate et réduisit à néant ses hésitations. Il planta ses yeux dans ceux de son supérieur et esquissa un sourire qui avait l'air de l'inviter à aller se faire foutre. Le masque impassible du capitaine, celui qu'il avait toujours présenté, se mua en une posture de défi. Il se leva, et s'en alla. Avant de franchir la porte du bureau, il se retourna comme s'il allait prendre la parole, mais se contenta de dévisager Quincampoix avec aux lèvres cet étrange sourire ironique qui désarçonna le commissaire.

Le reste de la journée fut pénible au possible. Rien. On ne lui donna aucun travail, aucune mission. Tarate resta à son bureau à ruminer des idées noires. Un avant-goût de placardisation. Et le pire était encore à venir.

En fin d'après-midi, alors qu'il s'était rendu aux toilettes, il entendit la porte s'ouvrir derrière lui, puis quelques pas. Deux personnes au moins, peut-être trois. Ce qui était étrange, c'est le silence qui était immédiatement retombé dans la pièce. Il y avait quatre cabinets alignés et donc trois de libres. Et pourtant, ils attendaient. Il entendit des chuchotements et il sut à l'ombre devant sa porte que c'était lui qu'ils attendaient. Il remonta sa braguette, tira la chasse d'eau, et ouvrit brutalement la porte en toisant les trois salopards qui lui barraient la route. À peine eut-il fait un pas à l'extérieur qu'il était ceinturé par le plus balaise.

— Tu vas te rétracter, hein, salope!

Il reçut un coup puissant dans le ventre qui lui coupa la respiration.

— Tu vas dire à l'IGPN que tu t'es trompé, que t'as rien vu, que t'es un con. Tu vas retirer ta plainte, sale traître.

La parole fut appuyée par deux autres coups au niveau du foie qui lui arrachèrent un gémissement. Il fut jeté à terre. Un dernier coup de pied pour la route. Une dernière insulte.

— C'est un premier avertissement, sale pute.

Ils le laissèrent plié en deux, haletant, douloureux. Il se releva lentement, en rage, travaillé par la haine, partagé entre esprit de vengeance et désespoir d'être ainsi humilié.

Oui, il ferait mieux de partir après tout. Non, il ne leur ferait pas ce cadeau à ces salauds. Il oscillait d'une conviction à une autre, de la colère à la résignation. Il pensait à Marion. Ne lui avait-elle pas elle-même conseillé de demander sa mutation? C'était tentant, mais après ce qu'on venait de lui faire subir, ç'aurait été une lâcheté, une capitulation.

Le soir, au téléphone, il lui parla longuement de son cas de conscience. Il se garda de donner tous les détails, ne parla pas des coups mais évoqua juste une intimidation. Il sentit à sa respiration la colère qui la saisissait elle aussi. Elle ne lui conseillait pas de fuir mais réfléchissait à la meilleure façon de les coincer. S'il pouvait porter une caméra GoPro ou bien simplement enregistrer les conversations, il aurait des éléments pour se défendre, avança-t-elle. Marion se contenait mais il la sentait furieuse. Elle apprécierait qu'il se fasse muter en Île-de-France, mais pas au prix de la victoire de ces ripoux.

La nuit, cherchant un sommeil introuvable, il repensa à cette histoire de caméra. Si jamais la bavure avait été filmée, il serait disculpé et les trois salopards sanctionnés, mais d'enregistrement vidéo, il n'y en avait pas. Il se redressa. Pour les faire tomber, il n'était pas nécessaire qu'il y ait réellement une vidéo, mais qu'ils le croient. Il se leva brusquement et renversa un tiroir rempli de cartes de visite et de carnets de notes. C'était sa seule chance de les coincer. Il ne la raterait pas.

18

5 juillet

Le lendemain, il arriva au commissariat en sifflotant. De loin, il vit une de ses trois bêtes noires occupée à laver les voitures de service au Karcher. Il lui fit un geste de la main avec un large sourire. La brute en resta médusée. Sans plus tarder, Tarate s'en alla frapper à la porte de Quincampoix. Le supérieur était sur ses gardes, attendant la réponse à sa proposition de la veille. Mais le capitaine commença par un tout autre sujet. Il demandait un congé sans solde pour les deux mois d'été. Partir temporairement serait déjà une façon de ne plus perturber le climat de l'hôtel de police, le temps nécessaire pour réfléchir sereinement et arrêter une position définitive avant la tenue d'un procès déshonorant. La justification parut convenir au commissaire qui, malgré le sous-effectif chronique, admit que Tarate faisait des efforts et qu'il fallait l'encourager à partir. En conséquence, il lui remit le papier tamponné avec avis favorable pour qu'il le présente ensuite au service du personnel.

Une formalité. Il pouvait d'ores et déjà se considérer en vacances.

Tarate ne se levait toujours pas. Il restait immobile sur sa chaise, fixant le commissaire qui, pour sa part, fuyait son regard. La situation devenait gênante. Quincampoix fronça les sourcils et lui adressa un coup de menton qui semblait dire : « Qu'est-ce que tu veux encore ? » Le capitaine croisa les jambes avec lenteur.

— Au fait, je dois te prévenir. On croit qu'on est seul et on ne l'est jamais tout à fait. On se laisse aller, on frappe, on est en colère, c'est humain, même si ce n'est pas légal, et puis on ignore que l'on est filmé. Parce qu'il y a toujours quelqu'un pour te filmer. Surtout maintenant avec les portables, tu ne peux rien faire sans que des voisins ou des passants ne dégainent leur téléphone.

Il tutoyait Quincampoix et c'était la première fois. Il vit son chef se tasser dans sa chaise avec une tête mauvaise. Il continua le plus naturellement du monde.

— Tu te rappelles l'affaire Rodney King ? C'était à Los Angeles, en 1991 je crois. Des policiers avaient arrêté un chauffard. Il avait regardé un match avec des potes, picolé plus qu'il ne fallait et il avait eu peur qu'on lui sucre son permis, alors, quand des policiers ont cherché à l'arrêter, il a appuyé sur le champignon. Les voitures l'ont pris en chasse, hélicoptère, tout le toutim, et il a fini par se garer sur le bas-côté, il s'est pris du taser, des coups de matraque, de pied, de poing. Il paraît qu'il a eu la cheville et la mâchoire cassées. Eh bien, même là – c'était pourtant en 1991, avant le portable –, il y a un gars, un voisin réveillé par le bruit, qui a pris son caméscope et qui a tout filmé. Quand c'est sorti, il y a eu des émeutes et l'image de la police en a pris un sacré coup.

— Qu'est-ce que tu veux me dire ? grogna Quincampoix.

— Je dis que si un type a pris une vidéo, s'il me l'a confiée et si je la montre au juge ou à la Direction de la sécurité publique, ça risque de faire du vilain. Je ne la montrerai pas à la presse parce que je ne veux pas nuire à notre grande famille fraternelle, mais tout le monde pourra se rendre compte qu'il y a trois policiers qui frappent et un qui tente de s'interposer. Le juge verra tout. Il verra que les trois connards ont menti et que tu les as couverts. Et tu sais ce qui va se passer ? Je crois que le prochain muté ne sera pas celui qu'on pense, qu'il y aura aussi trois mises à pied et une promotion.

— Tu bluffes !

— On parie ?

— Tu bluffes, j'en suis sûr.

— Tu veux jouer ta carrière ?

— Vas-y, montre-la-moi ta vidéo.

— Tu crois que je suis assez crétin pour l'avoir ici sur mon portable ? Elle est au chaud, chez moi, sur mon ordi, et de toute façon je ne te la montrerai pas. Tu dois te positionner en tant que chef responsable, sur des principes, et pas en fonction de l'existence ou non d'une vidéo montrant tes hommes en train de tabasser un type avec ton assentiment.

Le capitaine se leva et pointa du doigt son supérieur.

— C'est à toi de réfléchir. Je pars en vacances, tu as deux mois pile pour te décider. Après, tant pis pour toi…

En fermant la porte, Tarate entendit les éructations de son chef. Il le traitait notamment de « petit enculé ». Dans le couloir, on le dévisagea avec stupéfaction. Il promena sur ses collègues un regard souverain, avec la confiance de celui qui a reçu une main de trois as au poker. Le chassé était devenu le chasseur. C'était à leur tour d'avoir peur.

Il rentra comme il était venu ce jour-là. À pied. Il faisait un soleil magnifique. Demain, si Marion le voulait, ils iraient à la mer. Il l'appela pour lui dire qu'il remontait vers elle et qu'ils passeraient les vacances ensemble. Elle était justement en train d'envisager de descendre à Toulouse. Il l'en dissuada. Toulouse, il ne voulait plus en entendre parler, au moins pour les semaines à venir. Il lui proposait plutôt la côte normande, qu'il ne connaissait pas, ou pourquoi pas l'Italie, l'Espagne, l'Écosse, absolument où elle voudrait. Elle suggéra la Belgique, les Pays-Bas, puis le retour par la vallée du Rhin. Quinze jours de décompression, après quoi on verrait pour un séjour farniente sur les plages de la Méditerranée. Il était partant pour tout, pourvu que ce soit avec elle. Ce serait ses premières vacances depuis des années, celles de la renaissance. Il ne fallait pas l'espérer avant le milieu de la nuit car il attendait le passage de l'entreprise Sécuritor, spécialiste de la vidéosurveillance. Quand tout serait installé, il pourrait partir.

Les petites caméras de cette entreprise, dont il avait croisé le directeur au cours d'une enquête et conservé la carte de visite, avaient l'avantage de se dissimuler facilement. De plus, elles transmettaient les images par WiFi, sans dépendre d'un disque dur. Rien ne serait conservé sur place. Tout serait stocké sur les serveurs de l'entreprise même. Et s'il y avait intrusion, il recevrait une alerte sur son portable qui lui permettrait de suivre la violation de domicile en direct. Le matériel, la main-d'œuvre et le service n'étaient pas donnés, mais la sécurité, c'est connu, cela n'a pas de prix.

19

Ces vacances-là, il s'en souviendrait toujours. Lui qui n'en prenait plus, qui venait au commissariat durant les week-ends et les congés parce qu'il ne savait pas quoi faire, découvrait le plaisir d'une vie remplie par autre chose que le travail. Des plaisirs simples et immenses à la fois. Des journées uniques et toutes semblables. Au réveil, il commençait par embrasser Marion en lui disant merci d'exister, ce qui commençait à la gonfler sérieusement. Elle le trouvait un petit peu collant. Elle disait même « relou ». Lever pas trop tôt, musée, promenades, restaurants, délassement à la piscine de l'hôtel, il n'y avait que la boîte de nuit que Pascal n'appréciait pas tout à fait. Trop de bruit. Trop de monde. Trop de jeunes. Il se sentait désagréablement parmi les plus vieux, ce qui n'était pas faux. Mais Marion avait dix ans de moins que lui et elle aimait danser, alors il se pliait à ses désirs. Enfin, pas tous les soirs. Une nuit blanche à 20 ans n'a aucune incidence, à 45 ce n'est plus tout à fait la même histoire. C'est au NYClub, au centre d'Amsterdam, après une journée éreintante au Rijksmuseum, que l'alerte se déclencha. Évidemment, il ne l'avait pas entendue avec tout ce bruit. La boîte n'était pas très grande et, originalité locale, il y avait un DJ jusque dans les toilettes. À Amsterdam, on dansait même en pissant. C'est en regardant l'heure, parce qu'il commençait à trouver le temps long, parce que la fatigue l'envahissait, qu'il découvrit l'intrusion.

20

13 juillet

Ils avaient bien réfléchi. Peut-être que l'autre balance avait bluffé, peut-être qu'il n'avait rien, mais mieux valait s'en assurer. Puisqu'il était en vacances, autant en profiter pour une petite visite discrète et impromptue à son domicile. L'un d'entre eux s'y connaissait pour ouvrir une porte, à condition qu'elle ne soit pas trop sécurisée, et celle de Tarate – ils avaient reconnu les lieux – était un ancien modèle avec un seul point de fermeture. La serrure ne résisterait pas au pied-de-biche. Ils avaient cependant discuté de la méthode. En plein jour, c'était prendre le risque de croiser quelqu'un. En pleine nuit, forcer la porte pouvait provoquer un bruit dangereux. Mais si le mouvement était brusque et bien exécuté, le bruit serait tellement bref que personne, dans l'immeuble, ne s'en alarmerait. Le silence reviendrait aussitôt, personne ne se réveillerait. Ils optèrent donc pour la nuit, durant leur service, aux alentours des 3 heures du matin.

L'opération fut parfaitement exécutée. Rapide et sans bavure. Ils avaient mis des gants, pour ne pas laisser d'empreintes, ce n'étaient quand même pas des perdreaux de l'année. Ils se dirigèrent à la lumière de leurs portables jusqu'au bureau où, les volets étant tirés, ils n'hésitèrent pas à allumer une petite lampe. Une fois l'ordinateur en marche, ils cliquèrent immédiatement sur l'onglet des téléchargements. S'il avait reçu une vidéo, elle serait fatalement conservée ici. Comme ils ne trouvaient rien, ils commencèrent à s'agiter. Ils murmuraient : « Cet enfoiré a voulu nous baiser. » Alors ils inspectèrent les vidéos contenues dans le disque dur, sans rien trouver non plus. Et tandis que l'un fouillait l'appartement à la recherche d'un éventuel ordinateur portable, un autre raflait les différentes clés USB rangées dans une petite boîte placée en évidence sur le bureau. On ne savait jamais. Deux précautions valaient mieux qu'une. Ils continuaient à se parler en murmurant. « Quel enculé ! », « Je vous l'avais dit qu'il bluffait », « Il n'a rien, il a voulu jouer au plus con ». Avant de quitter les lieux, ils essuyèrent scrupuleusement le clavier et le fauteuil en similicuir sur lequel ils s'étaient assis avec un tissu imbibé de gel hydro-alcoolique. La porte fermée, l'immobilité revenant dans la pièce, la caméra cessa de fonctionner au bout de dix secondes. Elle ne se déclenchait qu'en présence d'un mouvement. Sécuritor était décidément une maison de qualité, son matériel fonctionnait de façon impeccable. Les visages étaient parfaitement reconnaissables, et ces idiots avaient conservé en plus leur tenue de policier. Désormais, il avait prise sur eux. Avec ce délit de violation de domicile commis par des personnes dépositaires de l'autorité publique, l'affaire était entendue. Ils ne s'en sortiraient pas.

Cette vidéo reçue sur son portable, avec mention de la date et de l'heure précise, dont on voyait les secondes s'égrainer à l'écran, il la savait aussi enregistrée sur le serveur de Sécuritor. Par prudence, il en fit cependant une copie qu'il adressa à son adresse e-mail, et une autre à l'adresse de Marion. Ainsi, il pouvait passer les vacances les plus détendues qui soient. Son téléphone pouvait lui être volé, l'entreprise Sécuritor être ravagée par un incendie, il y aurait des copies en toute sécurité réfugiées quelque part dans le cloud. Le soleil brillait pour lui. Les nuages, c'étaient pour les trois salopards et pour Quincampoix qui les avait couverts. Mais ils ne le savaient pas encore. Ce n'en était que plus jouissif.

21

Après Bruxelles, Anvers, Amsterdam et Delft, ils avaient pris la direction du Rhin romantique, celui de la Lorelei, de Heine à Schiller, de la moderne Cologne, largement détruite par les bombardements de la Seconde Guerre mondiale, jusqu'à la douce Heidelberg, sur le Neckar, pillée autrefois par les armées de Louis XIV. Puis direction Aix-la-Chapelle, pour respirer les mânes de Charlemagne, une gaufre à Liège, une avisance à Namur et retour en France par Charleville-Mézières et son musée Rimbaud. Ils firent aussi un arrêt de trois jours dans la campagne du côté de Rethel, chez les parents de Marion. Elle lui présentait ses vieux, c'était bon signe, pensait Tarate. Le père, revêche, ne se gêna pas pour dire qu'il le trouvait un peu âgé pour sa fille. Le précédent, il l'avait trouvé trop jeune. Et le précédent du précédent trop immature. La mère, en revanche, l'accueillit à bras ouverts, comme elle avait accueilli tous les fiancés que Marion avait amenés là-bas. Le policier se moquait bien du passé, des tocards qui n'avaient pas su la garder, des losers qui avaient laissé la flamme s'éteindre. Lui, il serait le dernier. Si, du moins, elle ne se lassait pas. Quand il y réfléchissait, il s'amusait du contraste entre son silence ténébreux, introverti voire spleenétique, et la pétulance joyeuse de la jeune femme, toujours d'humeur égale. Elle le réveillait, faisait sortir l'ours de sa tanière et rien qu'à la regarder, il se sentait vivre. Enfin, ils retrouveraient Lognes pour une dizaine de jours, profitant de Paris déserté par les Parisiens et livré aux hordes touristiques universelles. Et de nouveau l'envie d'ailleurs les prendrait, l'envie de se retrouver seuls au milieu des autres, une expérience que l'on goûte plus facilement à l'étranger. Ils avaient choisi un dépaysement modéré, en accord avec leurs économies qui en avaient déjà pris un coup, surtout pour Tarate qui ne bénéficiait que d'un congé sans solde. Ils jetèrent leur dévolu sur un séjour en demi-pension dans un club sicilien, à Cefalu, histoire de visiter le nord de l'île sans trop se fatiguer, et alterner les promenades en voiture de location et les journées uniquement consacrées au farniente.

Comme le temps donnait l'impression qu'il s'accélérait, et que le spectre de la rentrée se faisait jour après jour plus menaçant, ils avaient fini par aborder la grande question de l'avenir. Pour sa part, Marion était très bien dans son lycée où elle avait fait son trou, où elle bénéficiait d'une bonne réputation qui, d'entrée, plaçait les élèves dans d'excellentes dispositions. Recommencer ailleurs ne la tentait qu'à moitié. De son côté, Tarate n'avait aucune envie de demeurer à Toulouse. Il partirait volontiers mais il partirait la tête haute, après avoir fait le ménage. Il pourrait même négocier un atterrissage au commissariat le plus proche de Lognes, celui de Noisiel. Sa hiérarchie ne le lui refuserait pas s'il lui permettait de laver son linge sale en famille. Tout était donc à peu près fixé. Il rentrerait bientôt à Toulouse, réglerait ses comptes, placerait son appartement en vente dans une agence et déménagerait une bonne fois pour toutes. Ils pourraient acheter plus grand à Lognes, peut-être même un pavillon avec plusieurs chambres, au cas où Marion serait tentée par des enfants. Cette idée qui lui traversait l'esprit, il ne lui en parlait pas encore. Déjà que tout allait très vite, il ne fallait pas en rajouter. On verrait bien. Après des années de vie gâchées, sans objectif, il était décidé à laisser le temps au temps même s'il n'aimait pas cette expression tautologique que l'on faisait passer pour de la sagesse.

22

30 août

Cette année-là, les professeurs furent convoqués pour la prérentrée le vendredi 30 août. Marion pestait. Il y a quelques années encore, le mois d'août était sanctifié, et jamais l'on aurait eu cette idée saugrenue autant que sacrilège.

Et cette journée de prérentrée, quel ennui ! Le seul intérêt était de découvrir son emploi du temps, encore que pour les vieux de la vieille rien ne changeait d'une année sur l'autre, sauf s'ils le souhaitaient. C'étaient uniquement les nouveaux qui écopaient des pires heures et des pires classes. Il fallait bien que les jeunes en bavent un peu, comme les moins jeunes en avaient bavé quelques années plus tôt.

Pascal Tarate n'avait pas perdu son temps. En attendant le retour de Marion, il avait bouclé sa valise et entassé ses affaires dans la voiture. Il partirait pour Toulouse en début d'après-midi, après un dernier câlin, pour la route. Comme cela ne lui avait pas pris plus d'une demi-heure, il ne sut tout à fait que faire ensuite. Il balaya, fit la vaisselle du petit déjeuner qui traînait dans l'évier, puis s'affala sur le canapé où il eut l'idée de regarder une à une sur YouTube les vidéos consacrées à sa chérie. La première datait de cinq ans plus tôt. Elle avait à peine trente ans. Quel bébé ! De bonnes joues bien rebondies, une bouille d'enfant avec un nez dont il serait sorti du lait si on le lui avait pincé. Mais déjà cette voix, ces gestes de la main, cette façon tellement sexy de rabattre une mèche de cheveux rebelle derrière l'oreille. Et celle-ci, sur le plateau de France 3 Île-de-France, pour faire la promotion de son livre sur l'arrière durant la guerre. Il regarda les vidéos les unes après les autres, avec les yeux de Chimène, ou plutôt de Rodrigue, jusqu'à cette dernière, datant de novembre 2018, où elle était interviewée ici même, dans son salon, par une équipe de télévision qui voulait rendre compte des cent ans de l'Armistice au journal de 20 heures. Tarate la regardait, il l'écoutait, il était fier de partager la vie d'une femme comme celle-là, qui intervenait à la télévision avec une telle assurance. Mais tout d'un coup, son sourire se figea. Elle parlait debout, avec en arrière-plan, les objets de sa collection de 1914-1918. Derrière elle, dans la vitrine, il vit nettement un pistolet. C'était un Star, calibre 7,65.

23

Il fallut en passer par les politesses d'usage. Est-ce que ça allait bien ? Les vacances s'étaient-elles bien passées ? Tarate s'efforçait de répondre le plus cordialement possible, mais il bouillait d'en venir au fait. À son seul ami du commissariat, il confia au téléphone qu'il y avait potentiellement du nouveau pour le double meurtre de l'université, mais, pour en être sûr, il fallait lui rendre un service. Y avait-il un dossier ouvert au nom de Léa Nadal ? Cette jeune maîtresse de conférences venait d'être recrutée, en juin, à Poitiers, pour un poste consacré à la Première Guerre mondiale. Le collègue tapota quelques instants sur son ordinateur et confirma qu'en effet, la jeune femme était signalée au titre des disparitions inquiétantes. Mais il semblait que rien n'ait été entrepris de sérieux. Le signalement avait été enregistré mi-juillet par des parents inquiets qui n'avaient plus de nouvelles de leur fille. Vivant en Espagne, connaissant mal le français, ils ne pouvaient suivre une enquête qui, de toute façon, était restée à l'état d'ébauche. Le capitaine remercia son collègue.

La date du signalement n'étant pas celle de la disparition, il devait donc resserrer l'étau.

Il appela d'abord son directeur de thèse, Sylvain Armengaud, qui le reçut de méchante humeur, assez peu satisfait d'être dérangé le dernier jour du mois d'août alors qu'il était allongé sur un transat, en plein séjour de recherche à Séville, au bord de la piscine de l'hôtel Alphonse-XIII. Léa Nadal ? Qu'on ne lui parle pas de cette étudiante félonne qui ne lui avait plus donné de nouvelles depuis son élection. Et pourtant, c'était lui qui lui avait offert ce poste sur un plateau. L'année précédente, missionné pour évaluer le laboratoire d'histoire contemporaine de Poitiers, il avait rendu un rapport très favorable au CNRS, en dépit de graves problèmes. Ce rapport de complaisance avait permis à Poitiers de maintenir son budget et même de l'accroître légèrement. Le directeur du département était un vieil ami. Il lui devait donc un service. C'est ainsi que Léa avait été recrutée. Et le professeur de se lamenter : on n'est jamais trahi que par les siens. Ce que Tarate voulait savoir, c'est précisément la date de leur dernier échange. Un silence s'installa. Armengaud consultait son portable. Elle lui avait téléphoné le 7 juin, le jour de son élection, pour le remercier une fois encore. Le 11 juin au matin, il conservait trace d'un appel entrant. Il n'avait pas pu la prendre. Depuis le 12 juin, en revanche, il avait tenté de la joindre à de multiples reprises et elle n'avait plus jamais décroché.

C'était donc entre le 11 et le 12 juin que Léa Nadal avait disparu. Le policier n'en était pas surpris. Il cherchait juste une confirmation. Désormais, il comprenait. Toutes les pièces du puzzle s'agençaient parfaitement. Il n'avait jusque-là rien compris parce que, justement, rien ne semblait logique. Alors qu'en réalité, tout était impeccablement évident derrière les apparences. Il téléphona encore à son collègue pour lui réclamer de nouveaux services, une liste d'exigences longue comme le bras qui lui prendrait des heures. Tarate souhaitait connaître l'horaire du train pris par André Limon, le 11 juin, pour se rendre au colloque de Bordeaux. Qu'il épluche ses comptes bancaires, qu'il demande aux organisateurs du colloque qui lui avaient certainement remboursé ses frais de transport, mais qu'il lui fournisse au plus vite cette information. Il sentit la réticence de son collègue au bout du fil. Du travail supplémentaire, ce n'est jamais bienvenu, et puis si Quincampoix l'apprenait... Tarate prit un ton martial. Premièrement, il était toujours sur l'enquête, son congé prenait fin ce soir et il serait au commissariat dès le lendemain. Deuxièmement, il avait résolu l'énigme, il avait juste besoin d'une confirmation. Il lui demandait simplement de rester discret pour éviter que le commissaire ne vienne tout perturber, mais demain, probablement, on aurait le fin mot de l'histoire. Le collègue promit en gloussant et complimenta Tarate. Il allait en foutre, du bazar, s'il parvenait à résoudre une affaire sur laquelle s'étaient plantés une bonne dizaine de limiers. « Tu n'imagines pas à quel point », répondit Tarate.

Un TGV partait dans une heure à peine pour Poitiers, il avait tout juste le temps de sauter dans le RER en direction de la gare Montparnasse. En voiture, ce serait trop long. Il laissa un billet sur la table indiquant à Marion qu'il s'absentait et qu'il rentrerait en fin d'après-midi. En chemin, il joignit le directeur du département d'histoire de l'université qui curieusement ne portait pas de nom illustre. À Tours c'était Rabelais, à Strasbourg Marc Bloch, à Toulouse Jean Jaurès... mais à Poitiers, on restait aussi simple que des Parisiens. Des facétieux racontaient que l'on avait autrefois proposé le nom de Charles Martel. Sans grand succès. Allez donc savoir pourquoi. Rémi Poire, le directeur, lui répondit avec affabilité.

— La police ? Bien sûr que je suis disponible pour répondre à vos questions.

— C'est à propos de Léa Nadal. Vous n'avez pas de ses nouvelles, n'est-ce pas ?

— Ah non, aucune, et ce n'est pas très correct de sa part.

— Avez-vous déjà été interrogé par un policier à son sujet ?

— Non... Pourquoi ? Il s'est passé quelque chose ? Attendez... j'ai reçu un coup de fil de Madrid en juillet, sa famille n'arrivait pas à la joindre et s'inquiétait. En pleine période de vacances, il n'y avait rien d'anormal à ce qu'elle ne réponde pas sur son portable. Elle était peut-être à l'étranger, elle aurait très bien pu changer de téléphone aussi…

— Et maintenant, vous vous inquiétez ?

— Ma foi, c'est votre coup de fil qui m'inquiète. Jusqu'à présent j'étais plutôt agacé, et j'ai dit ma façon de penser à Sylvain Armengaud, son directeur de thèse, qui me l'avait chaudement recommandée. On rend des services et voyez comme on est remercié ! La rentrée est dans trois semaines, il y a des réunions de prévues au département dans quelques jours et nous n'avons aucune réaction de sa part. Rien ! Elle ne répond pas aux e-mails que nous lui envoyons, je vous assure que ce n'est pas bien élevé ni très professionnel.

Rémi Poire s'était proposé pour venir chercher Tarate à la gare TGV. Il était garé en double file sur le boulevard du Grand-Cerf. Si la ville n'était pas très grande et se traversait aisément à pied, la faculté d'histoire se situait un peu à l'extérieur, à l'est, exactement à l'opposé de la gare. Ancien viticulteur, spécialiste de l'histoire du cognac, Rémi Poire, personnage haut en couleur, organisait en septembre de mémorables célébrations de la nouvelle année scolaire à coups de bonnes bouteilles issues des caves de sa propriété. Ces soirées dont personne ne sortait indemne contribuaient à sa popularité. Il était ainsi tacitement reconduit à son poste chaque année avec un large consensus, pour ne pas dire à l'unanimité. Quand il était lancé sur le sujet, Poire devenait intarissable. C'est donc tout naturellement qu'il fit glisser la conversation sur l'histoire du cognac mais le capitaine Tarate l'arrêta d'un geste de la main.

— Je suis désolé mais il existe probablement un lien entre les meurtres de Toulouse et la disparition de Léa Nadal.

Le directeur du département sursauta, comme secoué d'une décharge électrique. Le policier continua sur un ton neutre, sans affect :

— Pour être franc, il ne faut pas s'attendre à la revoir vivante.

Rémi Poire accusa le coup et observa le policier du coin de l'œil, hésitant entre l'accablement et l'indignation devant une telle affirmation sans preuve.

Le bâtiment de la faculté d'histoire était à peu près neuf. Le secrétariat était situé au rez-de-chaussée, mais il n'y avait personne ou peu s'en faut. Le personnel administratif rentrerait le lundi 2 septembre. Poire l'invita dans son bureau dont les volets étaient fermés depuis le mois de juillet et qui sentait le renfermé. Tout en ouvrant la fenêtre, pour aérer, tandis que les volets roulants remontaient en couinant, il relança le policier, plus pour meubler le silence que par véritable envie :

— Vous êtes sûr de ne pas vouloir goûter ma petite fine ? Il doit m'en rester une bouteille dans le placard.

Tarate sourit par politesse mais fit non de la tête.

— Quand avez-vous vu Léa Nadal pour la dernière fois ?

— C'est bien simple, c'était le 11 juin, je m'en souviens parce que c'est mon anniversaire. Nous en avions plaisanté, elle me l'avait souhaité, me promettait même de m'offrir un cadeau et...

Tarate le coupa car l'individu était porté à la digression.

— À quelle heure l'avez-vous vue ? Pourquoi était-elle venue ici ?

— Elle avait pris rendez-vous en fin dc matinée pour que je lui fasse faire le tour du propriétaire. Elle a récupéré la clef du bureau qui serait désormais le sien, au troisième étage ; je l'ai conduite à la direction du personnel enseignant où elle a signé son procès-verbal d'installation, c'est-à-dire l'acceptation du poste. Après quoi nous avons déjeuné ensemble au self. Nous avons partagé la table de Mme Boulard, la grande sociologue de l'échec scolaire et, voyons... je crois que M. Ponochol, le spécialiste de Napoléon et du monde ibérique, était avec nous.

Le capitaine avait depuis longtemps compris que les historiens ne pouvaient citer un nom sans ajouter aussitôt le domaine dans lequel l'individu cité excellait.

— Elle nous a quittés, voyons... Il était peut-être 13 h 30-13 h 45, elle avait un rendez-vous. Elle devait me rejoindre ensuite ici même, et je l'aurais emmenée à la Maison de la recherche, pour lui montrer les locaux où nous nous réunissons en colloque, en séminaire, etc. Elle m'avait dit qu'elle repartirait en fin d'après-midi pour Paris, mais qu'elle reviendrait très vite à Poitiers pour trouver un appartement. Je ne l'ai plus revue. J'ai trouvé cela un peu impoli…

— Vous avez dit qu'elle avait rendez-vous… Savez-vous avec qui ?

— Non. Elle ne me l'a pas dit.

— Puisqu'elle devait vous rejoindre, ce devait être sur le campus. Où pensez-vous que ce rendez-vous ait pu avoir lieu ?

— Dans son bureau, je suppose.

— Il serait possible de le voir, ce bureau ?

— Oui… Si vous voulez.

Le directeur du département d'histoire se leva et fit signe à son interlocuteur de le suivre. Il se dirigea vers un ascenseur et, pour briser un silence inconfortable, répéta ce que Tarate savait déjà. Les bureaux des professeurs étaient au troisième étage. Mais le bouton sur lequel il s'excitait refusait de s'éclairer, et les portes de l'ascenseur restaient désespérément fermées.

— L'électricité a certainement été coupée durant les vacances et cet appareil n'a visiblement pas apprécié d'être placé hors tension. Nous allons monter à pied, si vous le voulez bien.

— Les bureaux des enseignants sont-ils encore très fréquentés au mois de juin ? questionna Tarate.

Le souffle court, preuve que le cognac et les escaliers ne faisaient pas bon ménage, Rémi Poire répondit qu'ils étaient absolument déserts une fois les examens et les oraux terminés.

— Avant, bien sûr, il fallait revenir pour entrer les notes… Aujourd'hui, avec Internet, les professeurs le font de chez eux. Il peut y avoir quelques soutenances de master, à la rigueur, mais, franchement, à partir du 20 juin, vous ne verrez plus personne au troisième étage.

En terminant sa phrase, Rémi Poire eut un mauvais pressentiment. Il comprenait où le policier voulait en venir et il sentait son cœur battre la chamade. Ce n'était ni les marches ni le manque de souffle. C'était la peur.

Et tout d'un coup, l'odeur. D'abord lointaine, désagréable mais légère, et à chaque pas supplémentaire plus présente, plus lourde, obsessionnelle. Cette fois-ci, les deux hommes ne parlaient plus : leurs sens en alerte avaient pris le relais. Au troisième étage, au fur et à mesure qu'ils s'enfonçaient dans le couloir, elle devenait plus âcre, à la fois suffocante et sucrée, un terrible fumet qu'il suffisait d'avoir respiré une fois, rien qu'une fois, pour qu'il se grave à tout jamais dans la mémoire olfactive. Peut-être même le cerveau reptilien en gardait-il la trace. Cette odeur n'était pas seulement celle de la charogne puante, elle sonnait en effet comme une alarme en chacun des êtres humains. Elle leur disait de s'enfuir, de prendre leurs jambes à leur cou, elle disait que la mort était là. L'universitaire sortit son mouchoir en tremblant et l'appliqua sur son nez en jurant. Il répétait « Merde », « Merde », « Merde » sans pouvoir s'arrêter et peut-être sans s'en rendre compte. Il n'y avait pas besoin d'être devin pour savoir ce que l'on allait trouver derrière la porte. Pour l'avoir respirée à plusieurs reprises, le policier pensa que cette exhalaison n'était pas la plus ignominieuse qu'il avait inhalée, et devant les grimaces de son chaperon, il tenait à rester impassible, à conserver l'air du professionnel qui connaît son métier et n'est étonné de rien. Le directeur désigna une porte. C'était ce bureau-ci, on n'avait pas encore eu le temps d'indiquer le nom de l'enseignante dessus. On pensait le faire en septembre, à la reprise des cours.

Pascal Tarate, qui n'avait pas de mouchoir, se tourna vers Rémi Poire. Avec un « vous permettez » qui n'appelait en réalité aucune réponse, il s'empara du morceau de tissu dans lequel l'enseignant enfouissait ses narines. Il le plaça à l'extrémité de la poignée, pour occuper un minimum de surface. Du pouce et de l'index, il exerça alors une pression qui fit s'ouvrir la porte vers l'intérieur, laissant échapper une bouffée d'air vicié dans le couloir. La pauvre Léa était bien là, du moins ce qu'il en restait, assise devant un bureau vide où trônait uniquement un gobelet en plastique. Les asticots y allaient de bon cœur et de grosses mouches bourdonnantes faisaient des ronds dans l'air. Le professeur s'enfuit tout à coup, secoué de haut-le-cœur. Il courut en direction des toilettes qu'il n'atteignit pas à temps. Avec son flegme habituel, le capitaine sortit son téléphone et appela Quincampoix. Cette fois-ci, aucune formule de politesse, rien. Juste un tutoiement de supérieur qui n'avait rien d'habituel ni d'amical.

— On a un meurtre à l'université de Poitiers, à la faculté d'histoire. C'est notre affaire. Tu t'occupes des détails ? Tu fais venir la Scientifique ? Tu te déplaces si tu veux. Moi, j'ai déjà tout ce qu'il me faut.

Son supérieur était sidéré. Tarate reprit, avec le ton le plus neutre possible :

— Ah ! N'oublie pas de demander une analyse des cheveux et du gobelet. Tu y trouveras à coup sûr des traces de GHB.

Il raccrocha. Quand il arriva à la hauteur de Rémy Poire qui s'abreuvait au lavabo, en s'en foutant partout tellement il était sous le choc, il lui rendit son mouchoir que l'autre reprit d'un air dégoûté.

— Comment savez-vous que c'est un meurtre ? interrogea l'enseignant.

— Vous en connaissez beaucoup des drôlesses qui s'enfoncent une baïonnette dans le ventre ?

En l'espace de deux secondes, Tarate avait vu ce qu'il voulait voir. Le gobelet sur le bureau et la poignée d'une baïonnette qui dépassait du ventre où la lame avait été enfoncée jusqu'à la garde. Exactement la baïonnette qui manquait à la collection d'André Limon. Celle dont le halo de poussière attestait l'existence. Cette fois-ci, l'affaire était résolue.

24

Dans le train du retour, sa main s'était mise à trembler comme jamais depuis trois ans. Il aurait besoin d'un bon whisky. Et ce mal de tête qui ne le quittait plus ! La journée était pourtant loin d'être achevée, il fallait encore revoir Marion, lui parler entre quatre yeux et s'en aller. Définitivement. Puis huit heures de route au bas mot. Il regrettait de ne pas être parti en voiture. Il serait du côté de Limoges à cette heure-ci et il n'aurait pas eu à supporter une scène de rupture. Mais au fond, cette scène, il la lui fallait. Il en avait besoin. Il voulait savoir quelque chose. Non plus pour l'enquête, elle était pliée, mais pour lui. Il était dans le RER quand son collègue de Toulouse le contacta, hilare. Tarate avait mis le feu au commissariat. Quincampoix était parti furax pour Poitiers, toutes sirènes hurlantes avec deux autres officiers. En attendant, le collègue avait mis la main sur des informations importantes. André Limon avait acheté son billet de train au guichet et en espèces, ce qui n'était pas dans sa pratique si l'on en croyait l'épluchage de ses comptes bancaires. Il était parti à 8 h 17, le 11 juin, de Toulouse Matabiau pour Bordeaux Saint-Jean… c'était quand même bien matinal pour un colloque qui n'ouvrait ses portes que le lendemain à 9 heures ! La SNCF ne lui avait pas encore répondu au sujet d'éventuels autres trajets – et il y avait toujours la possibilité d'une réservation de billet sous un faux nom, puisque les contrôleurs ne demandaient jamais à consulter l'identité du voyageur. Quoi qu'il en soit, il était tombé sur une pépite. Le gérant de l'hôtel réservé par l'université de Bordeaux avait pointé sur son cahier les heures d'arrivée de chaque historien invité. Il certifiait que Limon avait récupéré sa clef à 17 heures précises. Or, le train parti à 8 h 17 de Toulouse était arrivé à 10 h 31 à Bordeaux. Qu'avait-il fait de tout ce temps, alors même que l'hôtel était situé en face de la gare ? S'il avait pris un autre train, on le pisterait avec la vidéosurveillance, en tout cas il était cuit. Tarate lui apprit qu'il fallait chercher du côté du train en partance pour Poitiers : si on trouvait les images, ce serait une preuve irréfutable.

En marchant en direction de l'immeuble de Marion, il voulut répéter les mots qu'il allait lui dire. Il n'y arrivait pas. Son cerveau fonctionnait au ralenti, se bloquait. Il imaginait une confrontation brutale puis se ravisait, optait pour une manœuvre d'approche la poussant dans ses retranchements afin de voir jusqu'où elle pourrait mentir. Un coup il se voyait lui parler avec férocité, un autre avec une immense tristesse. Il n'était pas plus avancé quand il ouvrit la porte. Il improviserait donc. Elle n'était pas là. Il en souffla de soulagement. Un dernier répit avant l'affrontement. Elle devait l'avoir attendu avec une légère inquiétude. Il faut dire que sur le papier laissé sur la table, il n'avait pas mentionné l'endroit où il se rendait. Lassée de ne pas le voir revenir, elle était sortie faire quelques courses pour le repas du soir en griffonnant un mot, sur la même feuille : « Je suis au supermarché, j'arrive ! » avec des cœurs sur les *i*, comme une adolescente. Le visage de la jeune femme s'illumina quand elle revint, un sac à la main, et qu'elle le vit debout dans le salon devant le mur consacré aux DVD. Marion en avait des centaines. Elle posa sans ménagement son sac de courses sur la table et vint se blottir contre le dos de son homme. Elle lui reprocha son absence et lui proposa de rester encore une nuit. Comme cela il ne serait pas obligé de rouler toute la nuit. Elle avait acheté de quoi faire un pad thaï, ajouta-t-elle. Tarate resta froid et muet, ne se retournant même pas. Il se raidit comme une barre de fer, cette comédie du couple aimant lui donnant la nausée. Mais il sentit sa détermination fléchir. Ce n'était peut-être pas une comédie.

Devant lui, une partie de l'étagère était consacrée aux films d'Hitchcock. Il la voyait sans la voir car son regard était absent, vague, vide. Mais quand il fit la mise au point, il sauta sur l'occasion.

— C'est vrai que tu aimes Hitchcock… Lequel est ton préféré ?

Elle hésita… Et il ne lui laissa pas le temps de répondre.

— Moi, mon préféré, c'est *La Mort aux trousses.* Ce n'est peut-être pas le meilleur mais c'est le premier que j'ai vu. Je devais avoir 10-11 ans, je m'en souviens précisément parce que l'institutrice – j'étais alors au CM2 – nous avait demandé qui était notre acteur préféré. Mes camarades avaient cité des noms d'acteurs contemporains, Louis de Funès en tête, et moi je m'étais distingué en déclarant que j'admirais Gregory Peck! J'étais persuadé que M. Kaplan, c'était Gregory Peck, alors qu'en réalité c'était Cary Grant. C'est bête, hein?

Il se mit à rire. Marion l'accompagna. Elle ajouta :

— Moi, j'ai longtemps cru qu'on disait Gary Grant et non Cary.

Il prit un DVD et se retourna en le brandissant, feignant l'enthousiasme.

— Et si on en regardait un!? Que penses-tu de visionner *L'Inconnu du Nord-Express*? Il fait partie de mes préférés.

Il la sentit se glacer, roidir imperceptiblement.

— Là je dois faire à manger, un autre jour peut-être…

Il prit le boîtier et fit semblant de se plonger dans la lecture du résumé avec un ton badin.

— Tu sais de quoi ça parle? Allez, tu me racontes l'histoire? J'aime bien t'écouter, tu racontes toujours très bien les histoires, ce doit être le propre des historiens… Non?… Tu ne veux pas?… Alors je vais te la raconter, mais ce sera moins bien. Écoute : c'est un champion de tennis, quelqu'un de connu, une star. Tout le monde sait qu'il a des problèmes de couple, qu'il veut divorcer pour en épouser une autre, mais sa femme ne veut pas de séparation. Et là, dans le train, il rencontre un type peu recommandable, limite barjot, qui lui dit : moi aussi j'ai des problèmes avec mon père qui ne veut pas me faire profiter de sa fortune, et je vous propose une chose, un crime parfait. Vous vous occupez de mon père, et moi je m'occupe de votre épouse. Moi j'hérite et vous, vous voilà veuf et vous pouvez vous remarier.

Sans un mot, Marion revint à son sac et se dirigea vers la cuisine, comme indifférente, pour y ranger les courses. Tarate marchait derrière elle et continuait à parler, de plus en plus volubile, ne la lâchant pas d'une semelle.

— La police ne trouvera rien, naturellement, puisque chacun aura échangé son crime, et le cinglé et le tennisman auront tous deux un alibi au moment du meurtre qui les concerne. Quelque chose de tordu, mais de génial aussi. Bref, le champion prend ce type pour un fou, ce qu'il est d'ailleurs à moitié, mais voilà que sa femme est effectivement assassinée, et le type se met à le harceler en lui disant qu'il doit remplir sa part de contrat. Tout le problème vient du fait que le champion n'a pas tué…

Elle sortit les légumes, poivrons aux trois couleurs, une planche à découper et un couteau japonais. Ses yeux lançaient des éclairs.

— Je n'ai pas très envie de voir un film ce soir, je suis fatiguée, lâcha-t-elle.

— Oui, et puis *L'Inconnu du Nord-Express*, tu le connais par cœur, n'est-ce pas ?

— Humm…

Il estima qu'il avait assez joué au chat et à la souris et lui révéla qu'il revenait de l'université de Poitiers où il avait constaté le décès de Léa Nadal.

— Tu sais, l'étudiante de Sylvain Armengaud, celle qui a été classée première, juste devant toi. Le poste est pour toi à présent !

Comme la jeune femme exprimait physiquement sa surprise, il brûla ses vaisseaux en lui demandant si elle faisait semblant. Si c'était le cas, elle méritait la Palme d'or. Marion Petitgrain, dont les traits étaient si mobiles, passa de l'incrédulité à l'irritation. Elle n'aimait pas beaucoup son ton, elle n'aimait pas non plus cette conversation.

— Tu devrais être contente, au contraire, te voilà devenue maîtresse de conférences par défaut.

— Pascal, qu'est-ce qui te prend ? Pourquoi es-tu donc si odieux ?!

— Tu sais très bien ce que je veux dire, non ?

— Non, je ne vois pas du tout.

— Il fallait que Léa Nadal meure pour que tu prennes son poste, comme il fallait que Godefroy meure pour que Limon prenne son poste.

Elle éclata.

— À quoi tu joues, bon sang ? Tu es en train de me dire que tu me suspectes d'avoir tué Nadal ?

C'est quand même incroyable ! Tu es bien un flic, un petit flic et tu resteras toujours un petit flic... Tu me suspectes, c'est ça ? Eh bien, vas-y, recoupe mon emploi du temps. Tu connais la date de la mort de Nadal ?

Elle avait conservé le couteau à la main et l'agitait dans tous les sens.

— Le 11 juin, vers 14 heures.

— Le 11 juin... C'était un mardi, et le mardi j'ai cours toute la journée. À cette heure-là, j'étais avec les premières S2. Tous mes élèves témoigneront, va donc les interroger, pauvre flic de merde !

Elle savait remarquablement jouer l'emportement irascible. Elle aurait dû faire du théâtre. Cela chagrina encore plus le capitaine Tarate.

— Le 11 juin, je ne doute pas que tu aies un alibi. Mais le 12 ?

Elle fit une mine interloquée.

— Le 12 ?!

— Oui, le 12 ! Tu étais au lycée mercredi 12, le jour de la mort de Godefroy ? Et le lundi 17 juin, pour celle de Limon, tu y étais aussi, au lycée ? Tes élèves de première peuvent-ils témoigner ? Tu vois, je suis certain que ces jours-là tu as eu un petit pépin de santé. Oh, rien de grave, mal au crâne, mal au ventre, des règles douloureuses, je ne sais pas, mais tu n'étais pas là. J'ai appelé ton établissement tout à l'heure et la secrétaire a confirmé ton absence.

Ce n'était pas vrai. Il n'avait pas eu le temps de le faire mais un petit mensonge ne fait pas de mal quand il est au service de la vérité. Cela fonctionnait, du reste. Marion vacilla. Elle changea de ton et de tactique, posa le couteau et s'approcha de lui, larmoyante. Ce n'était pas possible qu'il la suspecte ainsi. Il la connaissait, elle n'était pas capable d'une telle saloperie. Cela n'avait pas de sens. Elle répétait son prénom, Pascal, Pascal, pour l'attendrir. Mais le policier fit trois pas en arrière pour montrer qu'il n'était pas dupe.

Il avait conservé le boîtier du DVD dans sa main et le tendit vers la jeune femme.

— Dans ce film, tout le problème vient du fait que le champion n'a pas tué… Et le cinglé le harcèle pour qu'il accomplisse ce à quoi il s'est engagé… Alors que…

Il laissa passer un ange. Elle était attentive, les yeux écarquillés, elle savait qu'il savait et surtout, elle comprenait maintenant son erreur.

— … Alors que Limon, lui, il a parfaitement respecté le pacte. Eh oui, il ne t'a pas menti. Il a bien descendu ta rivale, et pas très proprement… Enfin, il a fait avec ses moyens, le pauvre.

Il pointa la jeune femme du doigt.

— Toi aussi, tu as fait ta part. Tu as bien descendu Godefroy pour que Limon devienne l'élu de Toulouse. Mais le problème c'est que l'on n'a pas retrouvé le corps de Nadal. Elle était célibataire, ses parents vivaient en Espagne, son directeur s'est offusqué qu'elle ne lui parle plus, mais ça ne méritait pas d'avertir la police pour autant… C'étaient les vacances, les universités fermaient, personne ne s'est inquiété. Tu as cru que tu t'étais fait avoir, alors qu'André avait scrupuleusement exécuté son sale boulot. Il te l'a dit combien de fois au téléphone et toi, tu ne l'as pas cru, hein ? Tu pensais qu'il t'avait baisée ?! Alors tu lui as réglé son compte à lui aussi…

Cette fois-ci, Marion Petitgrain réagit. Elle applaudit au ralenti avec une mine faussement admirative.

— Bravo, inspecteur Columbo. Mais tout ce que tu racontes, c'est un tissu de conneries. Il faut des preuves en justice, pas de vagues hypothèses. Et si j'ai été malade les 12 et 17 juin, ça me regarde, ce n'est absolument pas une preuve.

— Bien sûr que ce n'est pas une preuve, mais si tu as pris le train, on va te retrouver sur la vidéosurveillance du RER, de la gare Montparnasse, de la gare Matabiau, dans le métro de Toulouse… Si tu as pris ta voiture, on relèvera ta plaque d'immatriculation au péage, si tu n'as pas été assez idiote pour payer avec une carte bancaire. Et même si tu n'as pas pris les péages et que tu as mis onze heures à descendre à Toulouse et à remonter à Lognes, on te retrouvera. Tôt ou tard, tu es passée devant un commerce ou une entreprise dont la caméra donne sur la rue, ou bien ce sera sur la surveillance vidéo de la rocade. On pourra lire ta plaque et on verra peut-être ton visage aussi. C'est cuit pour toi. Quand elle a une piste sérieuse, tu verras, la Crim' ne lâche pas, elle passe tout au crible. Jusqu'ici, ta chance c'est que nous n'avions que des fausses pistes.

Elle leva les yeux au ciel, continuant de jouer la fille atterrée. Alors, Tarate lança une dernière bombe.

— Et puis, il faudra que tu t'expliques sur le pistolet Star que tu possédais et que, comme par hasard, tu ne possèdes plus.

Elle blêmit.

— Je l'ai vu dans un reportage, tu étais interviewée ici même, devant ta vitrine. C'est avec cette arme que tu les as tués. C'est terminé pour toi...

Elle resta paralysée, comme foudroyée. Il s'approcha à son tour.

— Il y a une chose que je voudrais savoir... M'as-tu jamais aimé ? T'es-tu rapprochée de moi uniquement pour en savoir plus sur l'enquête ou bien... ?

Marion Petigrain lui jeta un regard de dédain haineux.

— Tu es vraiment pathétique. C'est tout ce qui t'intéresse ? Tu veux que je te dise que je voulais tout savoir de l'enquête, tout contrôler, mais qu'après je me suis attachée à toi ? C'est ça que tu veux entendre ? Pauvre petit flic malheureux...

Inconsciemment, elle avait posé la main sur le couteau. Tarate avait suivi son geste avec attention. On ne savait pas de quoi elle était capable. Elle s'en aperçut tout d'un coup et sursauta comme si elle venait de se trahir. Et après la grimace, de nouveau la mobilité plastique, le visage implorant, les mots doux, les caresses. Marion oscillait entre toutes les stratégies comme un bateau ivre, sans se résoudre à en adopter une définitivement.

— Est-ce qu'on n'est pas bien ensemble ? Après tout, même si c'était vrai, qu'est-ce que ça pourrait faire ? Ce serait notre secret, un secret qui nous unirait totalement. On serait ensemble. On est tellement bien, tu ne veux pas que ça continue ? Attention, ce n'est pas vrai, hein ?! Mais quand bien même ce serait vrai ?

Tarate prit les clefs de sa voiture posées sur la table et sortit sans un mot, sans un regard.

25

31 août

Il devait arriver à Toulouse autour de 4 heures du matin. Il aimait rouler la nuit sur l'autoroute à demi déserte, comme s'il n'y avait plus que lui sur Terre. Et rouler vite, autant que sa Clio puisse le faire, au final pas si vite que cela. Voir l'asphalte défiler l'empêchait de penser. Et c'était bon de ne pas penser parce que c'était la tempête sous son crâne depuis vingt-quatre heures ! Après Montauban, il vit au loin le halo de lumière produit par l'éclairage urbain de la Ville rose endormie. La civilisation, c'était d'abord de l'énergie. Il s'était allongé quelques heures, épuisé, la tête lui semblant éclater. Dans la matinée, après un mauvais sommeil, il avait appelé le juge d'instruction et le directeur départemental de la sécurité publique. Le premier n'avait pas voulu le prendre au téléphone, il avait fallu qu'il précise aux secrétaires à tête de Cerbère qu'il avait résolu l'affaire du double meurtre de l'université du Mirail. Il avait même identifié un crime supplémentaire. Pourquoi ne passait-il pas par la voie hiérarchique ? Il s'en expliquerait. Il était en conflit avec son supérieur qui, d'ailleurs, lui avait indignement retiré l'affaire. Le juge voulut bien lui accorder un quart d'heure dans son emploi du temps serré de l'après-midi, mais il avait intérêt à ne pas le déranger pour un champ d'hypothèses.

Quant au second, l'huile de la police, il avait autre chose à faire ce jour-là que de discuter avec un petit capitaine. Certes, la résolution du meurtre des professeurs serait une bonne nouvelle, mais il se demandait s'il n'avait pas affaire à un mythomane. Voilà que cet officier prétendait avoir découvert une nouvelle victime à Poitiers ! Enfin, il n'aimait ni cette méthode, si peu protocolaire, ni le ton de Pascal Tarate qui ressemblait à une menace. Ce dernier lui fit comprendre en effet qu'un scandale menaçait d'éclater dans la presse à propos du commissariat central de Toulouse, et qu'il ne tenait qu'à lui de l'éviter. Le directeur de la sécurité publique s'apprêtait à téléphoner au commissaire Quincampoix pour lui faire part de la déloyauté d'un de ses hommes, quand les actualités de son smartphone lui signalèrent la découverte du corps d'une historienne retrouvée assassinée dans un bureau de l'université de Poitiers. Le capitaine n'avait pas menti. Dans le doute, il s'abstint de téléphoner au commissaire et décommanda les réunions auxquelles il devait participer l'après-midi. Il fallait en avoir le cœur net. À l'heure du rendez-vous, fixé au palais de justice, le hiérarque de la police fit donc le déplacement, sur la réserve voire avec une pointe d'hostilité, alors que le juge, lui, trépignait, impatient d'entendre la résolution d'une enquête qui n'avait jusque-là conduit qu'à des impasses. Pascal Tarate offrit à chacun une clé USB contenant son rapport qu'il avait tapé en fin de matinée. Il commençait par s'excuser. S'il avait choisi cette voie exceptionnelle, c'est qu'il n'avait aucune confiance dans le commissaire sous les ordres duquel il évoluait. Il prévenait qu'il en parlerait ensuite.

Il expliqua alors comment André Limon et Marion Petitgrain, tous deux classés à la deuxième place pour un poste de maître de conférences, s'étaient entendus pour assassiner leurs deux rivaux. Limon devait tuer Léa Nadal à Poitiers et Petigrain exécuter Godefroy à Toulouse. Afin de dérouter les enquêteurs, ils avaient échangé leurs meurtres, prenant bien soin d'avoir un alibi infaillible au moment du meurtre de celui ou celle pour lequel ou laquelle ils risquaient d'être suspectés. Ainsi, non seulement ils sortaient des radars, mais ils conduisaient en plus la police criminelle dans le mur, car cette dernière était bien en peine de trouver dès lors le mobile du crime. Un crime parfait. Il avait cependant échoué. Un hasard. La machine infernale s'était grippée. Léa Nadal, en effet, avait été tuée dans son bureau, le 11 juin, à l'université de Poitiers, et son corps n'avait été retrouvé qu'à la réouverture, c'est-à-dire hier, le 30 août. Aussi, au mois de juin, on pouvait la croire en vie, étant donné que les médias n'avaient pas rapporté sa mort. Marion Petitgrain, qui avait tué

François Godefroy le 12 juin, était donc furieuse. Elle estimait avoir été flouée par Limon. Elle s'était mise à le harceler et, malgré ses protestations, elle avait décidé de lui faire payer la trahison du pacte diabolique qu'ils avaient conclu. L'ironie de l'histoire, c'est que Limon n'avait pas renié sa parole, il avait bien exécuté sa part du marché. Marion Petitgrain ne lui avait laissé aucune chance, et, là encore, la police ne pouvait que tourner en rond puisque aucun fil, même le plus ténu, ne reliait la victime à son bourreau. Si les investigations allaient se poursuivre pour ajouter au dossier des preuves irréfutables, Tarate estimait qu'il y avait dans son rapport assez d'éléments tangibles pour permettre l'arrestation de la criminelle présumée.

Se tournant vers le directeur de la sécurité publique de Haute-Garonne, il expliqua, en ouvrant un ordinateur portable, que le commissaire Quincampoix l'avait dessaisi de l'enquête en raison d'un grave différend qui risquait d'entacher prochainement l'honneur de la police. Il raconta l'affaire du tabassage et vit le gradé s'agiter sur son siège, mais quand il diffusa la vidéo de la violation de son domicile par les trois policiers, le directeur s'immobilisa. S'ils s'introduisaient nuitamment chez lui, pour récupérer une supposée vidéo qui n'existait pas mais qu'ils redoutaient, c'était donc qu'ils avaient peur de la vérité, et que lui, Tarate, n'avait jamais menti. Cela signifiait aussi que Quincampoix, en revanche, avait lui-même menti dans son rapport, pris parti, fait le choix de couvrir les trois mauvais flics au lieu de les sanctionner. L'affaire serait jugée dans quelques jours. Il convenait peut-être de prendre des mesures avant que la justice se prononce, car il va de soi que le capitaine ferait état de cette vidéo durant le procès pour se défendre, et la presse en ferait ses choux gras. Le gradé, qui sentait peser sur lui le regard du juge d'instruction, opina du chef. Le capitaine Tarate avait parfaitement raison. Pas de brebis galeuses dans la police ! Certes, le procès aurait lieu, mais le scandale serait éventé si la direction prenait elle-même des décisions radicales en amont. Ainsi, les trois fautifs seraient mis à pied aujourd'hui même, et licenciés au lendemain de leur condamnation. La police se montrerait alors publiquement sous un jour intraitable et irréprochable. Finalement, ce serait une sorte d'exemple. L'opinion applaudirait. Quant à Quincampoix, qui n'avait su gérer ni ses hommes ni l'enquête, le directeur demanderait sa mutation au commissariat de Decazeville où l'on manquait de fins limiers dans une affaire de fausse appellation d'aligot AOP. Enfin, il félicita le capitaine pour l'intelligence de ses déductions et pour son intégrité avant de lui proposer une promotion, rien moins que le grade de commandant au sein de la brigade criminelle.

Il pleuvait sur Toulouse ce jour-là. Une pluie fine annonciatrice de l'orage qui mettrait fin à la moiteur de l'été. Le ciel s'obscurcissait, le tonnerre retentissait au loin, mais entre deux masses de nuées ténébreuses, un éclair de lumière tranquille baignait le Pont-Neuf et les deux rives de la Garonne. Même si l'obscurité l'emportait, ce bref rayon de lumière apportait tout de même la preuve que le soleil existait. Pascal Tarate s'arrêta chez l'épicier le plus proche de son domicile. Il acheta une bouteille de whisky. La plus chère. Il porta avidement le goulot à sa bouche. Félicitations au commandant Tarate ! Qu'avait-il gagné au juste, lui, le mort-vivant ?! Ô mort, où est ta victoire ? L'alcool apaisa sa douleur. Sa main cessa de trembler. Il se mit à pleurer.

Remerciements

Merci à Sylvain Venayre qui m'a donné l'idée de ce livre en 2001 – s'en souvient-il ? – ainsi qu'à Patricia Highsmith et Alfred Hitchcock dont j'ai découvert plus tard qu'ils avaient eu les mêmes idées que moi ! Merci à Pierre Lemaitre qui m'a fait rencontrer Camille Trumer, lequel m'a introduit auprès de Philippe Robinet. Celui-ci, dans un moment d'égarement, a accepté de me publier. Sans oublier Mélanie Trapateau qui m'a relu avec attention et, bien entendu, Catherine, ma première et plus chère lectrice.

Photocomposition Belle Page

Achevé d'imprimer en mars 2024
par CPI BUSSIÈRE (18200 Saint-Amand-Montrond)
pour le compte des Éditions Calmann-Lévy
21, rue du Montparnasse, 75006 Paris

PAPIER CERTIFIÉ

CALMANN LÉVY s'engage pour l'environnement en réduisant l'empreinte carbone de ses livres. Celle de cet exemplaire est de :
500 g éq. CO_2
Rendez-vous sur www.calmann-levy-durable.fr

N° d'éditeur : 3081608/01
N° d'imprimeur : 2076510
Dépôt légal : mars 2024
Imprimé en France.